你擁有世界上所有的時間

用集中感知力，活出沒有極限的人生

麗莎・布羅德利 Lisa Broderick 著／甘鎮隴 譯

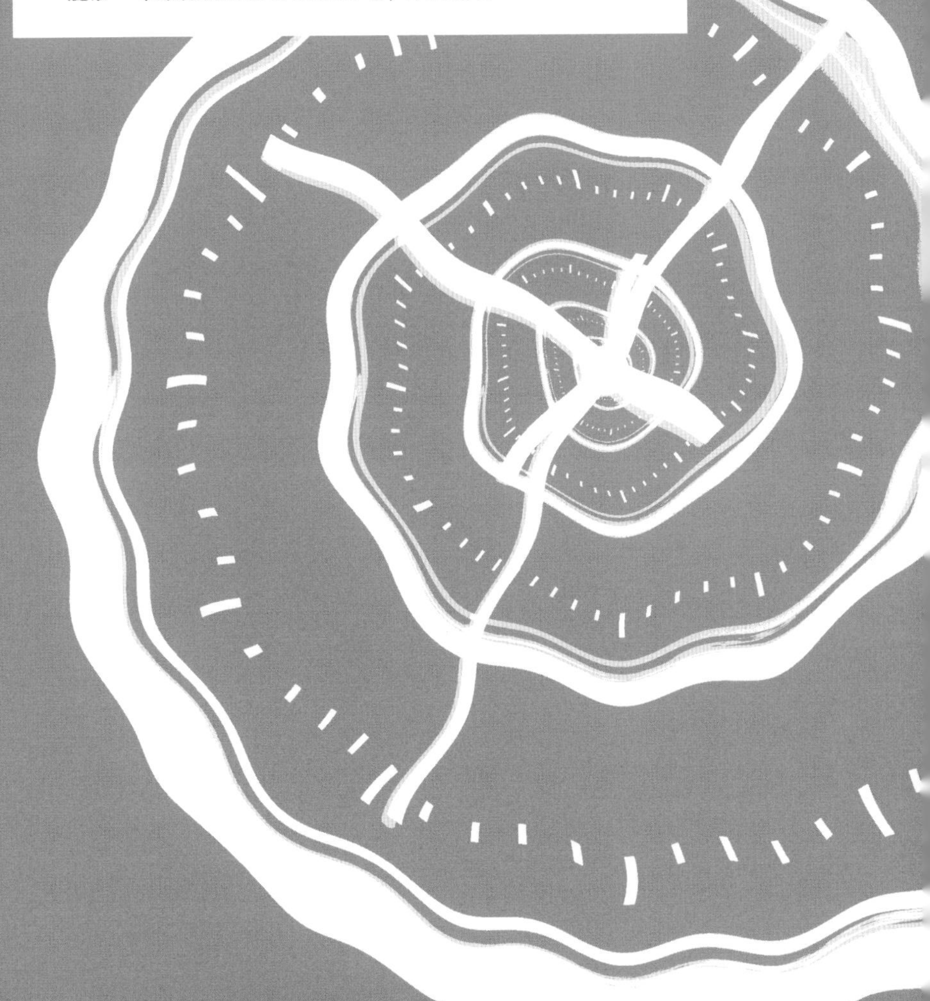

各界好評

本書對「我究竟是誰」，以及我們能創造奇蹟生命潛力的無窮本質，有深刻的探索。麗莎大膽勇敢地分享自己的個人旅程及無可挑剔的科學研究，拉開帷幕，告訴我們怎麼才能快樂且充滿愛地生活，符合我們眞正的人生目標。我強烈推薦你讀這本書。

——傑克．康菲爾德（暢銷書《心靈雞湯》作者）

本書是轉變意識的絕佳指南，與世界上許多有價值的工具一樣，能對你這個未來的領導者產生同樣巨大的影響力！

——馬歇爾．葛史密斯博士（暢銷書《UP學》作者；Thinkers50領導獎兩度得主）

量子物理學創始人給予世人最深刻的啓示之一是，物質世界是種源自人類意識的幻覺，物理學家稱之爲「觀察者效應」。麗莎．布羅德利的書將意識面的個人感知體驗，與最新物理研究相結合，在意識領域和物質世界之間架起一座橋。她對觀察者效應的評估提供了一條路，而就是透過這條路，思想、情感和行爲塑造了我們對現實的感知。知識就是力量，書中提供的知識觀點引導我們走向自我賦能，並提供指導，讓我們有機會成爲世界的創造者，而非命運的受害者。

——布魯斯．立普頓博士（《信念的力量》作者；史丹佛醫學院名譽研究員）

麗莎．布羅德利爲我們提供驚人的觀點，關於時間、空間和替代現實之間的交互作用。她的故事必定會促使熱愛思考的人重新考慮科學中已知和可能可知的事實，以及任何人都能知道的東西。

——喬治．懷特博士（卡內基梅隆大學創業學教授；史丹佛大學傑出名譽研究員）

這本書的主題是如何學會活在屬於你自己的時刻。麗莎・布羅德利把現代科學的光芒，尤其是量子物理學，聚焦在她個人的瀕死體驗上，以闡明關於發揮自身最大潛力的重要思想。她的使命是指導人們如何走向正確的方向，而不會走向極端。

——羅傑・尼爾森博士（普林斯頓大學工程異常研究實驗室傑出科學家、名譽教授）

本書向你示範如何擁有超乎你想像的人生。任何人都能從書中提供的強大見解中受益。

——黛博拉・彭尼曼（Yes to Success創始人兼執行長）

這是一部引人入勝、睿智而且重要的著作。書中靈性與科學的交織令人嘆爲觀止，令人信服，也易於理解。在任何情況下，作者的敘述方式都促使讀者思考自己可能想過（也可能沒想過）的事，但從第一頁開始，讀者就會覺得渴望學習和理解。然而，本作的重要性也如及時雨，尤其針對我們所處的當下。當我們人類這個物種深陷恐懼時，她的話語會以一種緩和的步調，透過充滿智力、情感和心理影響力的方式來給予你希望。

——歐利・蘇特斯博士（喬治城大學神學與美術教授；公認的世界宗教專家）

這本深奧的書堪稱人類的意識手冊。如果你準備好接受療癒和覺醒，麗莎・布羅德利會提供地圖、工具和步驟，來打開你的心扉，幫助你想起自己的眞實身分。這不僅會改變你的人生，也會在更深的層面改變你是誰。之後，眞正的轉變就能發生，你什麼都做得到。

——瑪西婭・維德（夢想大學執行長）

你如果對某個夢境、直覺或人生本身的意義感到好奇，就必須閱讀這本書。

——史考特・格森醫學博士（紐約醫學院臨床助理教授）

麗莎・布羅德利做得非常好，她把全球靈性思想的智慧跟人們對當代量子物理學世界觀的深入理解，巧妙結合。運用這些資料來解釋和理解她的一些非常不尋常的經歷，這也有助於我們明白，每個人都擁有自己想都沒想過的無限潛力。傑作！

——亨利・格雷森博士（傑出心理學家；美國國家心理治療研究所創始人）

好書，富有洞察力，充滿機智、智慧和幽默。把來自不同學科的大量資訊，匯整到一本易於理解的作品中，就像現代霍格華茲魔法學院手冊。

——大衛・山朋（全球賣出破億專輯藝人；六項葛萊美獎得主）

這是一本寫得很巧妙、功課做得很足的作品，將激勵讀者審視自己人類經驗的深度，並更好地理解當靈性成長超越物質維度時，會發生什麼事。

——威廉・布爾曼（世界知名門羅研究所講師）

目錄

第二部：掌握你當下的時間體驗，創造新未來

推薦序

把「今天」活得像「生命中唯一的一天」

唐・米蓋爾・魯伊茲

這四十多年來，我一直在撰寫關於如何幫助人們更了解自己的文章。我感到非常幸運，能出版我所寫的書籍，並與許多改變人生的人交談。

但直到最近，在我經歷了一次瀕死體驗之後，我才開始想幫助人們不僅了解自己的**身分**，也了解自己的**本質**。因爲正如麗莎・布羅德利在本書中所描述的，**我們如果眞正了解自己的本質，就能找到屬於自己非凡力量的源頭。如此一來，我們就能過上充實的人生，而且自由自在。**

麗莎依據自己的經歷（其中一些和她的特殊體驗有關），說出許多一般人會拋諸腦後、盡量不再去想的事。麗莎寫下並記錄自己的經歷，像醫生或科學家那樣審視它們，這麼做爲世人帶來許多對事物詳細又清晰的見解。她有能力描述以下這些問題：我們在地球上實現自我時會發生什麼事？我們來自哪裡？我們在克服自身恐懼後最終會成爲什麼？我在自己的著作中說過，人類最大的恐懼不是死亡，而是害怕在活著時必須冒險表現出自己的本質。

我在第二次經歷瀕死體驗時（二〇〇二年心臟病發作），對當下發生的狀況很感興趣。對我而言，我等於獲得絕佳機會，能和大家分享如何放下軀殼，脫離肉身。

我當時想分享這些事，是因爲那並不是我第一次有這種經歷。一九七〇年代後期，有天我開著福斯汽車，犯了很多人都會犯的錯：我喝多了。我當時是醫學院學生，即將畢業，在墨西哥城外喝醉了，還決定開車回墨西哥城，這眞是非常糟糕的決定。

車子突然失控，直接撞上水泥牆，瞬間全毀。但令人難以置信的是，我看到了整個體驗，我看見自己的身體坐在駕駛座上。在那一刻，我清楚知道我不在自己的肉身裡。

在車禍發生前，我聽說過「人不只是肉身」這個說法，但打從車禍發生的那一刻，它就不再只是一種說法。對我來說，它成了事實。

在撞車那瞬間，我正看著自己的肉身。我是在車子**裡面**，卻又同時在自己的肉身**外面**。時間成了主觀感受，一切都變得非常緩慢，我因此有時間去做我想做的任何事。我得以在撞擊結束前蜷縮並保護自己的身體，所以我的身體在衝撞時沒受到任何損傷。我沒有更多感受，因爲一直昏迷不醒，直到身體醒來。

車禍發生後，我的性格徹底發生了變化。我對人生的看法變得完全不同，因爲在車禍發生前，我把一切都看得至關重要，但在車禍發生後，我認爲一切都無關緊要。我開始學習古老的祖傳智慧，先是拜師於身爲「治療師」（healer）的家母，後來拜師於墨西哥沙漠一名薩滿。

我在自己的職涯已遵循家族傳統；我的兄弟都是醫師，其中一個是神經外科醫師，另一個是腫瘤外科醫師。所以我追隨他們的腳步，也成了外科醫師。我繼續深造，在畢業後開始工作，但心裡有很多疑問。

我的心靈想明白「爲什麼」。第一個問題是：我到底是什麼？因爲我不只是一副軀殼，這點顯而易見。我也顯然不只是自己的身分，我並不是本以爲的那種人。我不知道自己是什麼，而這令我非常害怕。其實，我見過很多人有過同樣的特殊體驗，但他們開始否認發生了什麼事。他們放下那件事，適應了他們覺得無法改變的人生。

然而，我走上完全相反的路。我眞的很想知道眞相。甚至在我畢業後，成爲我兄弟的外科團隊一員時，我也很想看看大腦是如何運作。因爲對我來說，肉身、心靈和我的本質之間顯然彼此分離。我眞的很想了解心靈，因爲我原以爲自己完全了解肉身，而肉身就是物質，但正如麗莎在這本書中描述的，肉身並不是物質。

身爲醫生的我動過很多神經外科手術，那是一段美好時光，但我在某個時刻發現，大多數人會用自己的思想來給自己的身體製造問題。帶著這份認知，我對「了解人類心靈」這件事變得非常感興趣。所以我決定改變職涯方向，不再局限於醫學。我遵循了我家族的另一個傳統，也就是托爾特克傳統（在墨西哥，「托爾特克」的意思是「藝術家」）。我談到托爾特克時，其實是談到全人類，因爲我們每個人都是生命的藝術家。

身爲生命的藝術家，我們最大的創作就是自己的人生故事。在我們的人生故事中，最常虐待我們的就是自己：我們自我懷疑，用消極和限制性的信念來餵養我們的大腦。人們不喜歡自己的人生，所以生活在一種「無爲」狀態中，他們害怕活著，這一切都是因爲他們透過思想來創造人生。

與此同時，我們的大腦每一秒都在處理感知到的一切。大腦依賴知識，而且需要「理解」事物，如此一來，被大腦控制的肉身部分，會害怕任何自己不理解的東西。這就是我們非常害怕未知，尤其非常害怕死亡的主因——因爲我們不了解在肉身死後會發生什麼事。

麗莎解釋說，因爲現實完全是「我們是誰」的結果，所以我們的恐懼以及在腦海中一遍遍講述的故事會互相結合，成爲我們的創作，進而成爲我們的人生。她用現代科學的「觀察者效應」一詞來描述這種現象。

只有當我們不再限制大腦，而且用新方式來思考、感知周圍世界時，我們的物質大腦才不再害怕，我們的生命故事才會獲得療癒。

而首先要做的，是謹愼地遣詞用字，因爲話語表達想法。話語和思想一樣能影響我們自己和他人，能產生我們的現實。

這也意味著必須採取行動，並藉此來表達我們的本質。我在拙作《讓夢想覺醒的四項約定》中寫道，行動就是充實地活著。你可以有很多很棒的想法，但如果不願針對想法採取行動，就沒有表現，沒有結果，也就沒有回報。透過行動，我們會被引導到自己的力量之源。

而我們如果愛自己，就能找到那個源頭。這麼做時，就在與他人的互動中表達了這種愛，並得到我們表達的愛。這種方式和麗莎描述的「從我們身上散發的能量」是一樣的。如果我愛你，你就會愛我；如果我羞辱你，你就會羞辱我。

我們眞正愛自己時，就能接受自己，並與自己和平共處。之後，我們將創造出來的偉大創作，就是充實又自由的人生故事。

事實是，我們不知道明天會發生什麼事。我們只活在麗莎所謂的「當下」。透過閱讀本書，我們得知所謂的「恩賜」就是能接納並欣然接受這個眞理。只要這麼做，我們就能把「今天」活得像「生命中唯一的一天」。我們可以計劃永遠活下去，而不用擔心人生目標是否會實現。存在的只有「當下」這一刻，而這就是非凡人生的源頭。

你是否準備好學習如何運用這個源頭？你讀完本書後，就會懂得怎麼做，而且得到更多。

（本文作者爲外科醫師、知名靈性成長暢銷書作家）

自序

時鐘上的時間數字，並非事實

任何足夠先進的科技，皆與魔法無異。

——《二〇〇一太空漫遊》作者亞瑟・查理斯・克拉克

在本作中，你將看到關於時間如何運作的明確說明，這樣就能學會如何親自去影響並改變時間。

這不是科幻，而是科學。愛因斯坦在很久以前就證明了時間可以伸縮，就像橡皮筋一樣。一般人每天都在放慢和加快時間，但往往沒意識到這一點。

如果你能放慢時間？如果你能親手延長、彎曲時間呢？

基礎科學教導我們，時間永遠往前走，從不例外。我們把生活的展開視爲線性現實，影響著我們的事件大多超出人類的控制範圍。

然而，體驗時間還有另一種方式。科學用「因果」物理定律來解釋時間，但有些東西違背這項定律。科學家稱之爲「量子理論」。透過量子力學原理，我們可以用不同方式來看待人類的時間構念（construct），並發現時間其實不如我們想像得那麼受限。我們可以過上幾乎任何事都可能發生的人生，美好又不受限制的人生。

也因此，雖然這本書是關於時間，但也關於「科學對時間的發現如何解釋現實的本質」。試著回答「想法從何而來？」「我們怎麼知道什麼才是眞實存在的？」之類的問題，就能開始明白「時間」和「現實」其實只是觀點。

我們假裝「鐘面上的訊息是眞實的」，但這並非事實。但我們繼續這樣假裝下去，是因爲一旦拆解人類對時間的認知構念，關於現實的其他一切都會隨之瓦解，包括物質、世界、宇宙……一切。當我們不再假裝時間是眞實之物，就能隨時造訪過去和未來。這種狀態伴隨著特定的腦波，被稱作進入「心流區」（the zone）、「心流狀態」（flow）、「當下」（the Now），我則稱之爲「集中感知力」（focused perception，以下簡稱「集感力」）。

在集感力狀態下，你能隨心所欲地進行時光旅行：你可能會發現自己影響著過去，也影響著未來，並選擇如何體驗當下。在某種意義上，**所有的「個人改變」都植根於時間。當我們掌控時間，就能掌控自己**。

你可以透過本書了解時間的科學原理，來實現這一目標。一旦了解時間背後的科學，就會明白我們對時間的體驗有一部分是物理的，另一部分是感知的。時間的物理部分，植根於愛因斯坦、重力和相對論的科學；時間的感知部分，則最適合用量子物理學的原理來解釋。這就是我提出的時間如何運作的理論，你可以稱之為「**時間的萬物論**」。

當我們清醒著、經歷日常生活時，都存在於一個物質現實之中，而這種物質現實有時會跟我們的感知產生衝突。每個人都經歷過怪異的巧合、完全無法解釋的事件，以及那些「我是不是看錯了？」之類的時刻。最近的一些發現表明，我們的感知可能和物質的現實一樣重要。

只要改變你能控制的部分——也就是你的感知——你就能改變你對時間的體驗。

試想：你想要的某件事已經發生，或是你希望發生的事還沒有發生時，你能刻意地跳脫線性時間，把你的想法轉移去另一個時間。

你開始運用本書的練習時，例如放慢時間和扭轉過去，就能發展出「透過感知來進行時光旅行」的能力。這些練習將爲你的心靈提供燃料，激發你的大腦產生想法和解決方案，並成爲靈感、直覺、洞察力和創新的無盡源頭。你的物質現實和你的感知，將融合成更具流動性、統一性的現實，讓你能改變自己對時間的體驗——以及去做你該做的事的能力。

我母親是具臨床思維的經濟學家，我在她幾年前離世前問過她，爲什麼人們喜歡閱讀自我成長勵志書籍。她的答覆是：人們想知道爲什麼事情發生在自己身上。我覺得這個答覆很有見解。

我後來意識到，人們不僅想知道爲什麼事情會發生在自己身上（在過去），也想影響日後將發生在自己身上的事，這樣他們就能創造出想要的東西（在未來）。這意味著，**我們影響「時間體驗」的能力，也是創造自己想要的現實的關鍵。**

我在幼兒時期的一場意外（我會在第一章詳述），永遠改變了我對時間和空間的理解，讓我能以非線性的方式看待一切事物。就像某種神祕的帷幕被拉開，我看到的是被微妙事物影響的世界，這些微妙事物包括我們自己的想法、感受和想像。也因此，我更常感知，更常運用直覺，也看到更多。這種人在過去被稱為「神祕主義者」，但現在不再是了。我有過的經歷也適用於任何人。

我寫這本書的目的，是讓其他人有機會像我一樣偶然發現眞相。問題是，你接下來打算怎麼做？

你可以選擇忽略這一切，就像什麼事都沒發生一樣繼續過日子。你也可以讓這本書中的內容激發新的實踐、新的感知、新的生活方式。

改變你的時間體驗，這在理論和實際面都是可行的，也是我個人的生活經歷。這也是許多其他人的經歷，你將在這本書中讀到他們的眞實故事。這也能成為你的經歷。

如果你覺得時間正從你的指縫間溜走，而你對此無能爲力，那麼本書能把你從「時間是你的敵人」這個幻覺中解放出來。

就像本書中分享的許多故事一樣，你成爲自身現實充滿自信的創造者時，就能把時間當成盟友。

世上所有的時間都操之在你手中。

第一部

更新你過去對時間的認知

1 時間和你原本想的不一樣

我們稍微回顧一下這陣子的生活。在二〇二〇年爆發新冠疫情之前，我們當中許多人都對忙碌的生活節奏感到不知所措。我為一些朋友提供建議時，注意到無論什麼背景或當前情況，他們似乎都有個核心問題：沒有足夠的時間去做需要做的事。

這也難怪。我們的通訊裝置用訊息疲勞轟炸，讓我們覺得永遠不可能跟得上。這些訊息大多是不重要的新聞或推銷，我們甚至不知道該如何分辨哪些是真的，更別提該採取什麼行動。每星期都會聽聞新的大規模槍擊事件，或是破歷史紀錄的自然災害。幾乎每個學科都發生「典範轉移」現象，從物理到醫學再到文化等，在在顛覆我們以往的認知。

然後新冠疫情爆發了。就在短短幾個月前，這些人還被忙碌的生活壓得喘不過氣，如今卻被命令待在家裡，無法正常外出活動，像是購物、工作、社交、上學和通勤。

在疫情爆發最初幾個月，我常常詢問人們的時間體驗，想知道這方面是否發生了變化，幾乎每個人的答覆都是「有改變」。在疫情爆發前，時間流動的速度似乎快如閃電，而如今，有些人說時間流動得很緩慢，每一天都漫長得像一星期；有些人說時間感變得很模糊，以至於長達數月的疫情感覺就像漫長的一整天；還有一些人說這兩種感受都是眞的，每一天都感覺像一星期，但幾星期的時間過得就像幾天一樣快。

人們雖然（一開始）很慶幸能在家裡度過這麼長時間，但也同感困惑：爲什麼時間似乎變得非常奇怪？

我的答案是：**時間和你原本想的不一樣**。

無論是時間不夠用，還是嫌時間過得不夠快，時間仍是把我們團結在一起的一個問題。它經常被描述爲世上唯一的不可再生資源：一旦沒了就是沒了，完全無力改變。

但真的無力改變嗎？

我對於改變時間的親身體驗

我自己的時間體驗，在我四、五歲的某一天因為撞破一扇玻璃窗，差點沒了小命時發生了巨大變化。當時我們全家在美國亞利桑那州北部一間小木屋度假，我和我妹在兩張床之間跳來跳去。我跳得太靠近床緣，床鋪因此從我腳下滑開，所以我被拋向窗戶。我母親清楚記得當時看到我飛過半空中，畫面似乎成了慢動作。我的頭撞破了窗戶，半邊身子掛在窗內，另一半在窗外，下半部的破窗刺進我體內。

我被送去最近的小診所之前（我記得那是好幾公里外的鄉村設施），有位湊巧在現場的醫師告訴我母親：「我覺得她恐怕沒辦法活下來。」

我雖然不記得那場談話內容，但確實記得大部分的經歷，即使我已經失去知覺。

我記得自己卡在玻璃窗上，被搬進我們家那輛休旅車的後車門。我記得驅車穿過鄉間，前往醫生的診所。而我記得最清楚的是，我接受手術時所在的房間。我記得從上方俯視自己的身體。雖然對自己的身體或手術過程沒有清晰的記憶，但我記得自己望向右邊金屬櫃後面的一扇窗，櫃子裡似乎存放著用具。我們回到鳳凰城的家時，我記得身上打了幾個月的石膏，從腰部到兩邊腋下。

我終於康復，再次成爲活蹦亂跳的小女孩，但我看待世界的方式已經永久改變。

我認爲周圍的一切都是彼此連結、鮮活，而且有意識。我以前常想像自己擁有能減慢鐘面速度的超能力，因爲我曾多次體驗過進入「心流」狀態，也就是運動員將其描述爲「時間減慢」的超凡經歷。

我在打保齡球、跑步，或做其他類似活動時，時間似乎會變慢，我就能拿出平時沒有的高水準表現。今日，我們知道「進入心流區」是讓我們拿出顚峰表現和體驗最大潛力的關鍵所在。對我來說，這些經歷讓我覺得自己不是個普通的孩子。事實證明，我這麼想可能沒錯。

我記得自己在八歲左右和我哥一起打保齡球，我們當時參加某個保齡球俱樂部，但我球技並不好。不過某個晚上，我記得自己差點拿下完美比賽的三百分。令人驚訝的是，我每次扔進球道的球似乎都獲得全倒，無論我扔得多粗心大意。我記得自己甚至故意瞄準其他球道，就爲了看看能不能刻意搞砸。但我一次次全倒，直到只剩最後幾局時，我在震驚和惱怒中沒獲得全倒，而是補全倒。

我在這一切發生時，體驗到一種「無時間感」，這顯然是種超然體驗。後來，我覺得自己能輕易放慢時間，也常常練習這樣做：我會早早到達目的地，快得似乎不像是走路或開車抵達。

很多年前，我在高中時，需要參加「學術能力傾向測試」（ＳＡＴ）才能上大學。我考試那天早上太晚起床，而我的高中在將近五十公里外的一個山口，距離開始考試的時間不到三十分鐘——我憑經驗知道，時間不夠，我來不及在考場關門前趕到。但**我沒擔心會不會遲到，而是專心想著「準時坐在考場的桌前」**。我鑽進我的車，在腦海中播放這幅畫面：我走進考場，牆上的鐘面顯示著我想看到的時間。後來，我穿過校門，走進考場，準時坐下來參加考試。

我很少把這種情況告訴任何人，我不願意跟家人或朋友分享這些故事，因爲我覺得他們可能會認爲我是怪咖或瘋子。

時間的體驗人人不同

我小時候偶爾會提起一些奇蹟般的事件，像是我覺得自己飛在半空中，或是時間停止。但我身邊的大人說這是「魔幻思維」（magical thinking），經常發生在孩子的腦海中。

此外，「記憶」這種東西本來就問題多多。我們沒辦法知道究竟發生了什麼事，因爲隨著時間推移，個人記憶會自然地發生變化、複製和扭曲。

儘管如此，我還是想了解爲什麼我的時間體驗似乎不同於周圍其他人。我對古代文獻、神祕學派和深奧的靈性修行進行長達數十年的研究，發現我印象中的經歷其實既不新鮮也不罕見：千百年來，古老的東方靈性傳統，其實一直在教導修行者做我偶然發現的事。

然而，身爲西方人，我想了解能不能透過科學和數據來解釋這些體驗。我的探索最終將我引向現代科學，物理學的語言幫忙解釋了我多年來經歷的一切。我透過科學所知道、所發現的如下：**時間是一部分物理，一部分感知，這就能解釋它爲什麼有時候似乎像橡皮筋一樣可以拉伸。這也代表了你經歷感知的時間，有一部分可以由你控制。**

訣竅在於提高我所謂的**「集中感知力」**，**也就是集感力**的技能。這是種高度的意識狀態，可能會在很多不同情況下發生在一個人身上，像是參與運動賽事、經歷重大危險，或透過我在本書中概述的練習方式，來刻意引發這種狀態。

在這種感知狀態下，人們可能會感到高度專注、充滿掌控感、放下自我意識，以及自我超越。

在這種特殊體驗中，時間流逝的速度不會跟平常一樣，而是通常會變慢，或似乎完全停止。你如果能學會讓自己進入這種狀態，最終就能超越時間。

你可能已經體驗過能進入「怪異的時間體驗」的集感力狀態。多年前，我的朋友比爾向我描述：他某天在加州高速公路上，以大約一百三十公里的時速駕駛，看到左邊車道上有名女司機和他以同樣車速行駛。在他前方，他看到一個大輪胎從一輛卡車的後側掉下來，彈跳三下，撞破女司機的擋風玻璃，她當場死亡，而一切都是慢動作。

與此同時，**依據他的感知，他有充裕的時間去做必須做的事，多得就像擁有世上所有的時間**。另一輛車慢慢失控時，比爾把車開到路邊，避免了碰撞。他體驗到的危急時刻，似乎促使他的時間急劇放慢，好讓他能保住一命。

也許你在經歷類似的危險時，或者當你陶醉於美好回憶、在沙灘上看海浪、抱著你剛出生的孩子，或沉浸在專心工作的過程中時，時間好似靜止一般。

在上述情況下，進入集感力狀態會讓你覺得超越了時間。

超越時間的集感力

所謂「超越時間」是什麼意思呢？這種狀態的特徵通常如下：深度專注、情緒活躍、掌控感、放下自我意識，以及自我超越。很多人把這種體驗稱作「進入心流區」「心流狀態」或是「活在當下」。

我們通常會自發地產生類似體驗，也許是由某些情況觸發，像是瀕死體驗（例如我的經歷）、極度危險（例如比爾）、極度的愛（精神頓悟，或是抱著你剛出生的孩子），或是極度專注（像是在籃球場上鬥牛）。但是，與其等這些經歷在危急時刻或你陷入沉思時隨機發生，我要透過本書向你展示，**如何隨心所欲地創造這種超越時間的感覺。想做到這一點，辦法就是改變「時間公式」裡可以由你控制的那部分：你自己的感知。**任何人都能透過簡單的練習學會，你終將超越鐘面，超越老舊的時間觀念。

不論一個人認爲自己面臨什麼問題，我發現只要改變他們的時間構念，就能帶來轉變，且幾乎能在生活的各個領域都實現「量子跳躍」。如果時間並不是永遠只向前移動，而是可以拉伸、彎曲，以滿足我們的個人需求呢？如果我們能在沒有時光機的情況下，改變對「時間在物質世界中如何流逝」的體驗呢？

幾年前，我在一場充滿迷人成功人士的會議上遇到一位女士，她在事業上有很高的成就。我們開始交談，她告訴我她很沮喪，覺得自己對未來的夢想被過去的回憶阻礙，受困其中。

透過你也將在本書中學到的原則，我向她示範「時間的存在方式」其實不同於她這一生對時間的感知。時間既非線性也非固定，而是可以伸縮的，她能與之互動，甚至由她掌控。我向她解釋，她如果了解時間背後的科學原理，就能親自影響時間。

雖然我幫她做的是超越鐘面，但也關乎個人轉變。如果繼續因爲對過去感到遺憾、對未來感到恐懼，而動彈不得、浪費時間，那麼再怎麼試圖「停止時間運行」，也沒辦法讓她去做自己眞正想做的事。

我跟她分享兩種具體做法，能改變對過去和未來的感知，這樣就能開創她想要的人生。這需要練習和專注，但她的心智已經覺醒到某種程度，能超越過去，並開始以深刻又有意義的方式掌握世界如何運作。

我的辦法有沒有幫到她呢？她是這麼說的：

麗莎教我的辦法，改變了我的人生。那些在我人生路上阻礙我的種種，已經失去力量。原本看似遙不可及的目標，如今近在咫尺。而且「集感力」這項工具大幅提高我的工作效率，我發現集感力就是「恐慌」的相反面。這個辦法減緩了時間，擺脫了壓力，我能自由自在地完成目標——而且不只如此！

集感力也使我成爲更好的運動員。我平時會打網球，而我越是專注於從網子另一邊朝我飛來的球，就越有時間做好準備和擊球。此外，我越是專注於球，就越放鬆。我覺得自己有充裕的時間把球打回去。這項務實的應用方法提醒了我，在生活中的任何領域都有充裕的時間。

我很幸運。遇到麗莎後，我感覺到「意識」是我所有問題的答案，而她給了我徹底改變的關鍵鑰匙。

她改變了過去對時間的感知，意識到自己再也不受時間的束縛，反而是時間的創造者，而且其實擁有世上所有的時間，來做到她想做的一切。她還有實用的工具和策略能確保事情會在正確的時間點發生，從而產生深刻的連結感和豐富感。她正走在超越時間的路上。

雖然我們在「管理時間」這方面付出大把心力，但我們不得不問：爲什麼「時間」這個問題對我們如此重要？我認爲其中一個原因，是我們想知道以下這個大哉問的答案：我**現在**該做什麼？

當你不再受制於鐘面，並且知道自己能依據個人需求來拉長、彎曲時間，回答這個問題就會變得容易許多。那些提出這個問題、得到答案，而且針對答案採取行動的人，過著充滿目標、意義和存在感的人生。

帶領你一步步超越鐘面的時間意識

本書描述的時間理論及相關練習，讓我不僅知道自己在某一刻該做什麼，而且會實際動手去做。這正是本書會帶給你的幫助。這可能是我們第一次不僅能準備好了解科學如何解釋時間，還能應用這些原理，改變自己的生活，去做該做的事。

當然，要達到能可靠地「拉伸時間」（愛因斯坦的用字）的地步，我的代價是經歷了一次瀕死體驗，而後一生都在思考是哪些因素導致「無時間感」，以及數十年的實踐。在本書有限的篇幅裡，我已將相關內容萃取成實用的練習，讓你能透過練習來集中你的感知能力，改變時間體驗。方法如下：

第一部：更新你過去對時間的認知。第一階段不是練習，而是重新思考人類的時間構念。在第一部中，我簡述一些科學證據，說明時間爲什麼不是我們認知中不變的線性人類體驗。相反的，基於這些證據，我的理論是：「時間是一部分物理，一部分感知」。而因爲你控制了這項公式的「感知」部分，你就能改變對時間的體驗。這個階段就是我們這趟旅程的根基，因爲如果你依然認定時間是種不可改變的線性力量（就算科學提出了反證），就無法成功進行接下來的練習。

我們先回到公式上：時間是一部分物理，一部分感知。我們時間體驗的物理部分，其特徵爲愛因斯坦、重力和相對論，而因爲愛因斯坦和其他類似學者的研究，科學家現在明白時間可以像橡皮筋一樣被拉伸、擴展和收縮。時間的感知部分，其特徵則是量子理論的神祕、奇幻、「怪異」世界，幾乎任何事都可能發生，意識導致「波函數坍縮」（collapse of the wave function），這種現象本身可能就是現實（包括時間）的來源。

這並不是科幻，而是科學。我相信，這道由兩個部分組成的公式，是一種全新的時間構念，清楚描述我們能透過有效的科學方法來親自拉伸和彎曲時間。在科學中，能把古典物理定律和量子理論相結合的理論，稱作「統一理論」（unified theory），或「萬物論」（theory of everything）。你也許會把這稱作「**時間的萬物論**」。

但正如美國知名天文學家卡爾．薩根說的：「特別的主張要有特別的證據。」為此，我在本書中提出的資料，都經過主流科學家的審查。在他們的幫助下，我的論點能盡量做到科學嚴謹——但需要注意的是，「時間是什麼，以及如何運作」依然是當今物理學界尚未解決的最大謎團之一。

第二部：掌握你當下的時間體驗，創造新未來。一旦更新你的時間構念，就可以開始集中你的感知，改變你的時間體驗，甚至影響時鐘上顯示的時間。這些能力聽來可能超出正常理解範圍或預期，但這並不是超自然或魔法，而依然是我們人類自然能力的一部分。你將了解個人轉變是如何根植於時間——無論你是受過去經歷的制約、很難專注於當下，或是想創造你想要的未來。透過這些簡單的練習，訓練如何維持集中感知狀態，讓時間在繁忙的日常生活中自由延展和彎曲時，你可能會發現時間不再是敵人。

我並不是保證你永遠不會再遲到，或是永遠不會錯過截止日，但是，你可能會發現「準時」的意思會發生變化。你也可能會發現你更少拖延，思路更清晰，行事更冷靜，不僅更少浪費時間，甚至超越時間。

我在本書中提出的想法，其所屬時代如今終於到來。數千年來，各地古文明都提出類似的教義。當你**掌握本書中將科學與個人轉變相結合的實作，就能產生一種超越鐘面的時間意識，將你從「時間是你的敵人」這個錯覺解放出來，並學會把時間當成盟友。如此一來，你就能擁有世上所有的時間，來做你該做的事。**

現在，是時候了解時間的眞相——以及如何掌握時間了。

時間的物理部分：重力、運動和物理定律

時間不僅可能是你生活中最大的難題，也是當今科學界最大的難題之一。物理學家根本不理解時間是什麼，至少一部分是這樣，因爲時間在不同情況下有著不同特徵。

我們確實知道的是，時間有個可以被科學家測量的物理成分。例如，時鐘的運動能測量時間，地球的運動將時間向前推進，一天二十四小時，四季不斷變化。在這層意義上，「時間的物理成分」最簡單的定義，就是「我們在空間之中及周圍移動的體驗」。

我們在物理上體驗時間，是因爲體驗到自己和事物在移動。考慮到地球上的某個地區是白天，另一個地區是黑夜，這個論點顯然是正確的。美國紐約和澳洲雪梨的時區不一樣，是因爲地球的轉動。

◆時間過得快又慢

在地球上的一個現實是：時間受到物理定律的影響，最著名的是重力。從地球上的物體到各大行星，我們周圍幾乎所有事物的運動都是由重力控制。重力是物質和空間的副產品。事實上，是物質產生重力。就是因爲重力，地球才會繞太陽轉，月球繞地球轉。重力也至少部分地導致時間的流動。

時間也是相對的。一百多年前，二十六歲的愛因斯坦發表開創性的狹義相對論。愛因斯坦的天才見解是這樣的：一個物體若以不同速度運動，其流逝的時間就會相對不同，就像一條可拉伸的橡皮筋。具體來說，你在空間中移動的速度越快，相對於移動速度較慢的另一人來說，你的時間流逝得比他慢。例如，你如果進入太空，以接近光速的速度飛行，然後折返回來，從你的觀點來看，你體驗到的時間流逝就跟平時沒兩樣；然而，當你回到地球，拿自己的時鐘跟地球上的時鐘相比，會發現地球上的時鐘顯示著更遙遠的未來。在某種意義上，跟地球上的人相比，你自己的時間過得更慢。

十年後，愛因斯坦發表廣義相對論，說明時間的流逝也受重力影響。你如果進入太空，靠近強大的重力源——例如黑洞——你會感覺到跟平時一樣的時間流逝，然後你進入黑洞，並體驗到這麼做在理論上的可怕影響。然而，看在地球上人們的眼裡——他們承受的重力跟你相比相對較弱——你的動作似乎大幅放慢，甚至在抵達黑洞之前看起來完全停止。

很多人聽過這個說法：相對於遠離黑洞的時鐘，你如果離黑洞越近，你的時間變化就越大。但他們可能沒意識到的是，這種被稱爲「時間膨脹」的現象也發生在地球上。在極度精確的原子鐘幫助下，研究人員已經證明，在地球上就算只是一呎的高度差異，也能影響時間的流逝。換言之，如果把一個原子鐘放在聖母峰頂端，另一個原子鐘放在洛杉磯接近海平面的地區，隨著時間推移，這兩個時鐘將分別顯示不同的時間。

除了物理成分之外，我們也能透過對時間流逝的感知來計算時間。時間的這層面通常被稱作「主觀時間」，也受到廣泛研究。例如，大多數成年人會說，隨著年齡增長，時間似乎過得更快。我們還是孩子時，夏天似乎永不結束；但長大成人後，歲月轉瞬即逝。杜克大學研究人員最近提出以下理論：我們之所以覺得自己的童年比成年生活漫長，是因爲隨著年齡增長，我們大腦處理圖像的速度會越來越慢。因爲年少時代的圖像被處理得更快，要記住的圖像因此更多，便會感覺發生的時間點像是被拉伸開來；相較之下，由於大腦的圖像處理能力會隨著歲月經過而下降，成年後要記住的圖像就變得更少，因此感覺自己是快速地從某個記憶跳去另一個記憶，彷彿時間加快了一樣。

這一切對時間意味著什麼？這意味著：**時間跟我們想的不一樣。**

話雖如此，我們依然傾向於認為時間是以線性、可預測的方式向前推進，而且沒有例外。我們經歷一連串時刻與事件時，會感知到時間的流逝，而這些時刻一旦被經歷，就會不可逆轉地成為過去。就像一枝向前射出的箭，我們相信過去在自己身後，無法改變，而未來在我們面前，無法確知。然而，人類並不是自古以來只抱持這種時間信念。

人類看待時間的方式一直在變

威廉．史特勞斯與尼爾．郝伊在合著的《第四轉向》中，用一種很有幫助的方法解釋，歷史上的人類是如何發展出時間的構念。簡單來說，人類對時間有三種不同的看法。

1. **混亂的**。最初，在數十萬年前形成社會群體之前，早期的人類認為時間是混亂的。每個事件都是隨機的，無因無果，無韻無理。

2. **週期性的**。後來，隨著社會群體在大約四萬年前開始發展，隨著我們更了解大自然，我們把時間視爲週期性的。時間在永久重複的循環中前進，可從太陽（日）、月亮（月）、黃道帶（年）等天體運行中觀測，並反映於人類生活的日、月和季節循環。

3. **線性的**。時間是「單向戲劇」這個想法在十六世紀取得完全主導地位，當時世上大多數人都轉而採取「時間無限前進」的觀點，或是作家所謂的「歷史進程」。

聽到時間構念原來會隨著歲月而改變，不該爲此感到驚訝；我們總是對宇宙和時間的現實取得更多了解，這似乎很自然。這也意味著，**我們對時間了解得越多，對時間的構念就越有可能再次發生變化**。

我們爲何如此堅信時間是無限前進？物理學家布萊恩·葛林在所著的《眺望時間

的盡頭》中解釋了，我們目前把時間進程視爲統一、單向的這種看法，是如何與熱力學第二定律和「熵」的概念有關。熵的概念意味著物質遲早會分散、衰落、腐壞，變得更加無序——至少是我們能感知到的物質物體。如此一來，因爲我們不斷看到冰塊融化，蒸汽消散，生物成長、衰老，而且事物一般都是隨著時間推移而從有序變得無序，所以很容易假設時間總是在前進。

科學家可能會認爲，熱力學定律是已被證實的不變事實，描述宇宙如何運行，不會受到懷疑或質疑。但就連物理學家也會說，熱力學定律的存在，是爲了預測事物在我們的物質世界中如何運轉。這些定律合理地簡化事物的運作方式，非常有效地描述我們的物質世界，但終究是簡化的說法。

葛林舉了蒸汽機的例子：他指出，雖然可以概括水分子被加熱時的行爲，但就算使用當今最先進的電腦，也無法預測每個水分子在變成蒸汽時會如何運動。

這就是「統計預測學」爲何獲得重要地位的原因。通過觀察「大量事物」而非「單一事物」，就能有效預測結果。數學能有效預測大數據，這就是爲什麼賭場能合理確信，就算有幾個賭客中大獎，賭場照樣能賺大錢；這也是爲什麼包括熵在內的物理定律，似乎不可改變也不可逆轉。畢竟就像葛林提出的疑問：你有沒有見過一塊破碎的玻璃把自己重新組裝起來？

但有個問題：儘管有這種不可逆的假設，但每個主要科學領域，包括牛頓的物理學、馬克斯威爾的電磁學、愛因斯坦的相對論物理學，以及波耳與海森堡的量子物理學，都是基於「並不需要時間非得前進不可」的數學公式。換句話說，**支配這個世界的科學方程式，其實與時間的行進方向無關**。這意味著，就算時間倒流，這些基本公式也一樣有效。

就連物理學家也認爲，熵有可能自行減少，這意味著某些事物能從無序轉爲有序，並重新自我組合，就算可能性極低。對我來說，這對熵的不變性與不可逆性，以及時間總是向前移動的想法，提出了關鍵質疑。

挑戰「時間只會往前走」的論點

爲了樂趣和爭論，我接下來提出一些來自現代物理學的理論，挑戰了「時間必定前進」的論點。

蟲洞。一九三五年，愛因斯坦與納森．羅森發現了被稱爲「愛因斯坦—羅森橋」的東西，後來被稱作「蟲洞」。正如愛因斯坦的重力公式所描述的，蟲洞是時空的扭曲，而且可能是空間中的捷徑，連結了遙遠的兩個地點。如果你把蟲洞的其中一個開口放在其重力會扭曲時間的物體（如黑洞）附近，那麼這兩個「通道」將不會以相同速度在時間中前進，也因此在理論上能讓你回到過去或前往未來。

量子不確定性。量子理論的核心思想是「量子不確定性」，意思是我們很難確切了解原子或「次原子粒子」規模的物質，頂多只能計算數學機率或概率，判斷某物多麼可能出現在特定位置、如何運動。量子不確定性承認物理學的不可預測性，意味著只要等得夠久，幾乎任何事都可能發生。

多重宇宙。多重宇宙的理論同樣來自量子理論，是假設無限個世界同時並存，而且不同的選擇會導致不同的行進路徑。因爲每個宇宙中可能發生不同的事，這個理論解決了所謂的「祖父悖論」——對時間旅行提出的經典反對論點。祖父悖論指出，你如果回到過去，在你父親出生前殺死你的祖父，那麼你一開始就無法爲了殺死他而存在。多重宇宙理論則解決了這個悖論，因爲你可以在另一個宇宙中殺死你祖父的其中一個版本，所以你還是能在你自己的宇宙中出生（雖然這無法解釋你如何在不同宇宙之間穿梭）。

量子纏結。量子纏結表明粒子可能會相互糾纏，而且表現得好像彼此相連，就算相隔得非常遙遠。這意味著粒子能行進得更快，甚至快過光速。而如果粒子能行進得快過光速，應該就能穿越時間，使得時間旅行成爲可能。

除了蟲洞以外，這些挑戰「時間只會往前走」的理論，都依賴於一個稱作「量子物理學」的物理學分支。

量子物理學解釋最小已知事物的行爲，例如原子和次原子粒子。由於量子物理世界微小微觀的尺度，數學被用來預測量子的行爲——量子就是一小包一小包的電磁能量。在量子世界中，能量與物質並不是遵循我們看得到、感覺得到、摸得到的事物一樣的規則。

這將我們引向時間的「感知」部分，用量子物理學原理來解釋人類的時間體驗再適合不過。

時間的感知部分：量子世界

數百年前，在量子世界被發現之前，伽利略和牛頓等古典物理學家就在研究能量在時間與空間中的本質。他們想設計出一些定律，能準確預測事物在我們看得到、摸得到的世界中會發生什麼事。後來，大約一個世紀前，相關科學設備變得足夠強大時，物理學家開始研究人眼不可見的次原子粒子，因此成了「量子物理學家」。

另一方面，天文物理學家研究太空中的大型天體——例如星系，甚至星系團——它們的運動和重力場，還有如何影響周圍的其他大型天體。在某種意義上，天文物理學家和量子物理學家都在研究粒子，只是其中一種粒子湊巧比另一種粒子大得多。

那麼，粒子究竟是什麼？

科學家其實是很隨意地使用這個詞彙，來描述各種有質量的東西。但事實是，科學家其實並不眞正知道「粒子」是什麼。

在微觀量子世界中，粒子是點狀物體，是物質存在的基礎。遺憾的是，對科學家來說，這些構成物質的基本點狀物體的行爲模式，不同於我們在日常生活中可感知的相對較大的物體，像是行星和恆星。出於尚未了解的原因，與古典物理學中較大的物體相比，這些原子和次原子粒子的行爲仍然神祕難解。

例如，這些微觀粒子似乎並不遵循日常生活依賴的因果規則，可能上一秒還在某個地方，下一秒卻莫名出現在另一個地方。事實上，研究人員在量子世界的任何一處都無法獲得「確定性」。

在這一章中，我將總結影響人類對時間理解的一些關鍵量子物理學原理，但你如果想更了解這些概念背後的研究，請參閱「附錄A：更多科學資訊」。

觀察者效應：你專注在哪裡，就會成爲現實

以下例子能描述量子世界究竟多麼奇妙。

在我們可見的世界中，你如果把一發子彈射入池塘，就會擊中水面，產生波紋，從子彈入水的位置向外移動，形成越來越大的同心圓，最終抵達池塘的另一邊。另一種情況是，你如果朝池塘上方發射另一枚子彈，它會飛過空中，最終落在池塘另一邊的某處。

在這兩種情況下，子彈都是從某個地方移動去另一個地方，但是飛越池塘的子彈並沒有像入水的子彈那樣產生明顯可見的波浪，而是掉在地上，而且停留在那裡。

接下來，想像一下這種情況發生於光子（光的粒子）這種次原子粒子，一個光子就像一枚子彈，只是以微小的能量包形式存在。它有時表現得像你射入池塘的子彈，會產生波紋，有時又表現得像你射過池塘上方的子彈，不會產生波紋。

在量子科學問世前，科學家相信，想解釋光的特性，就必須視之爲一種波。一百

多年後，愛因斯坦證明了某些頻率的光也以「離散的能量包」形式存在，就像粒子一樣。不久後，實驗證明了光有時候表現得像波，有時候表現得像粒子。光子究竟出現什麼行爲，最終取決於科學家是「觀察」還是「測量」它們。然而，他們發現根本不可能同時將光子當成波和粒子來觀察。

科學家觀察到導致它們發生變化的光子時，發生了一些事。爲什麼粒子被觀察時表現得像粒子，不被觀察時表現得像波？不同於可見物體（例如子彈），光子的存在似乎是個謎團：可以是粒子，也可以是波，**取決於它們是否被觀察**。

這可能是量子理論取得的最奇妙結論之一。光子就是光子，不應該神奇地從某個東西變成另一個東西，「科學家是否正在觀察」不該造成任何區別。然而根據這些實驗，用物理學家的行話來說，「觀察」似乎導致「波函數坍縮成粒子」。

雖然這場辯論是從光子開始，但需要注意的是，這不僅限於光子。類似的實驗，最著名的是「雙縫實驗」（請見「附錄A：更多科學資訊」），已經套用於中子、原子以及更大的分子。「波粒二象性」則主張，「觀察」會導致波坍縮成粒子，似乎支配著自然界最基本的粒子行爲。事實上，所有基本的次原子粒子，包括構成物質的粒子，都出現這種奇怪的行爲，全可以表現得像粒子或像波。

如此一來，人類被帶進了量子世界，成了科學的、可測量的物理世界的因素之一。這種現象被稱作**「觀察者效應」**，已成爲量子物理學的一項原則，意思是**人類的觀察——也就是人類把注意力集中在哪裡——會在「組裝現實」的過程中扮演某種角色**。雖然這項發現違背了我們對周遭世界的體驗，也違反了古典物理定律，卻不容忽視。

將近一個世紀後，量子物理學不再僅僅是猜測。越來越多可靠證據指出，發生於微觀量子世界的事，也發生於我們日常的宏觀世界。一些研究人員把「觀察者效應」的來源解釋爲「意識」本身，也因此，「意識導致坍縮」這句話在某些圈子裡成了「觀察者效應」的同義詞。正如量子理論創始人馬克斯．普朗克所說：「我認爲意識就是基礎。我認爲物質是意識的衍生。萬事萬物都沒辦法避開意識。我們談論的一切，我們認爲存在的一切，都是假定意識的存在。」

◆量子疊加：貓既是死的也是活的？

如果所有微小物質在被觀察到之前都是以「機率」的形式存在，科學家因此推測，粒子在被觀察到之前，是同時存在於多個可能的地方。

一九三五年，一位名叫埃爾溫・薛丁格的奧地利物理學家，想出一種方法來解釋這個想法，他選的東西比光子更大：一隻貓。別擔心，這是理論上的「臆想」實驗，在實驗過程中，沒有任何貓受到傷害。

首先，想像一下你把一隻活生生的貓放進盒子裡，裡頭還有一個由你決定要不要釋放毒氣的裝置。如果放出氣體，貓就會死。接下來，假設你擲硬幣來決定要不要釋放氣體。透過擲硬幣，氣體有百分之五十的機率會被釋放出來，這與硬幣出現正面或反面的概率相同。然後你打開密封的盒子，查看裡頭的貓，發現貓不是死的就是活的。

如果貓不是貓，而是量子粒子，那麼你打開盒子時，「查看貓」的這個行爲就會改變貓「是死還是活」的狀態。也因此，在某種意義上，**正如光子在被觀察之前既是波也是粒子，貓在你打開盒子檢查之前既是死的也是活的**。薛丁格的結論是，如果把量子原理套用於這種情況，貓將處於所謂的「量子疊加」狀態，這意味著貓將既是活的也是死的。

這個結論很困擾科學家，因爲它違背了本應支配宇宙的因果規則。一般而言，我們會說毒藥被釋放或沒被釋放；貓在盒子裡不是死就是活，不管我們看不看得到牠。這個著名的臆想實驗被普遍用來揭示量子力學這個神祕的世界，描述量子世界的行爲多麼不同於我們以爲管理著可見世界的規則。

量子纏結：不論距離多遠，都會互相影響

更奇怪的是，量子物理學也預測，粒子可能會以某種方式瞬間相互交流，就算位於房間的兩側或宇宙的另一頭。粒子的這種連結方式，稱爲「纏結」。

原理如下：假設你和你朋友有兩副非常特別的牌，它們之所以特別，是因爲你每次翻開一張牌的時候，同時翻牌的朋友看到的牌跟你看到的一模一樣。如果你翻出一張黑桃A，你朋友在翻牌的同時也會看到黑桃A。

正如這兩副非常特殊的卡牌，科學家能纏結兩個光子，然後將一個光子送去不同的位置。如果一名科學家測量了一個光子的某些特性，例如光子的極化，那麼另一個地點的另一名科學家也會立即了解另一個光子的同樣特性。

請注意，除了光子之外，其他類型的粒子也顯示出纏結特性。觀察者效應也在這裡發揮作用，因爲粒子這些特性在被觀察到之前尙處於未知狀態。科學家已經證明，兩個光子相隔數百哩時，一個光子發生的任何事都會立即影響另一個光子，簡直就像彼此能立即互相發送訊號。

正如量子物理學的許多其他方面，這一發現也引發巨大的問題。如果纏結的粒子能在一瞬間朝彼此發送訊號，那麼它們之間的通訊速度似乎比光速更快，但根據科學理論，沒有任何東西能快過光速。

眾科學家並不氣餒，正在努力證明量子纏結能發生在更遠的距離上，進一步挑戰我們對物質世界的想法。至於粒子是如何纏結在一起，或是什麼因素導致這種「快過光速」的相關性，目前還沒有解釋。但是實驗已經毫無疑問地證明，**某種東西**起了作用，導致這種現象。雖然愛因斯坦原本對此半信半疑，稱其爲「鬼魅似的遠距作用」，它的存在卻非常眞實。

萬物論：改變時間現實

讀到這裡，我們這些不是物理學家的人可能會提出一個很明顯的問題：次原子和微觀粒子被分開來看的時候，爲什麼表現得跟大量聚集成可見的宏觀物質時非常不一樣呢？

支配微觀世界的量子力學，以及支配宏觀世界的廣義相對論，都是經過充分驗證的理論。雖然這兩種理論有時都提出了違背我們所接受現實的例外情況，但在嚴格測試下，所得的結果總是支持各自理論的結論。

兩種理論都斷言，同樣的「自然界四力」（強核力、弱核力、電磁力、重力），會影響我們可感知的宏觀物體世界，連同量子粒子的微觀世界。「重力」負責把行星和星系固定在適當位置；「電磁力」把電子與原子核聯繫起來，並將原子結合成分子；「強核力」使得原子核和夸克相互結合；「弱核力」導致原子核的緩慢分解。

微觀與宏觀看似兩個完全不同的世界，同樣的四力要如何發揮作用？

科學家一直嘗試發展一種理論，以適用於微觀世界和宏觀世界的方式來解釋所有四力。這些試圖準確描述微觀和宏觀世界的單一理論，通常被稱爲「萬物論」，或「統一理論」。

愛因斯坦人生最後的三十年，致力於把重力（明顯適用於廣義相對論的宏觀世界）跟電磁學聯繫起來。從那時起，科學家也一直在這條路上努力，迄今爲止已將三種非重力的自然力聯繫在一起。這個項目仍在進行大量研究，「融合四力」的最終科學成就尚未實現；而一旦實現，將會對我們這些想改變時間體驗的人產生巨大影響。

這將表示，**量子力學定律對可見世界中較大的宏觀粒子束具有可測量的顯著影響，甚至在「組裝物質」和「改變時間現實」等方面也發揮作用。**最近許多理論以雄心勃勃的方式試圖將重力與其他三種力聯繫起來，以至於「量子重力」這個詞儼然成爲「萬物論」的代名詞。（想更了解萬物論背後的研究，請參閱「附錄A：更多科學資訊」。）

在這些科學理論中，有兩個較爲突出。一種叫做「弦理論」，其原理基本上恰如其名：該理論指出，宇宙是由兩種微小的振動弦組成，一種是兩端開口，另一種是環形封閉。這些弦如何伸展、連接、振動和分裂，解釋了宇宙中所有的物質和現象，包括廣義相對論的宏觀世界，以及量子理論的微觀世界。

另一種稱爲「迴圈量子重力」的統一理論指出，宇宙是由一套套「環」網路組成，以量子的方式運行，包括量子不確定性的影響。

除了這些關於宇宙如何運作的理論之外，研究人員也想證明支配微觀世界的量子原理也適用於宏觀世界，從而提出能證明這點的萬物論。例如，研究人員現在提出，量子纏結和在太空中發現的蟲洞，兩者可能是同一現象。

其他研究人員進行臆想實驗，以證明重力和量子力學可以彼此協和運作，辦法是證明量子疊加（還記得薛丁格的貓嗎？）可以存在於非常龐大的規模，像是太空中的太空船。

幾十年來，科學家一直努力證明意識會導致坍縮，而且觀察者效應存在於我們能感知的物質事物。基於科學的不斷進步，科學家似乎遲早必須在比粒子更大的物體上進行量子實驗。

我們先花點時間思考一下目前爲止看過的科學論點。如果量子纏結是眞的，如果物質在被觀察之前一直以疊加狀態存在，而且如果觀察者效應組裝了現實，那麼只要等待夠長的時間，任何事都可能發生。**當人們腦袋裡的想法和意圖加總起來產生作用時，可能性是無限的。**一架飛機可能降落在你家後院——而這跟我希望你膝上出現的醃黃瓜無關。

此外，你能拉伸和彎曲時間——這就是爲什麼我提出的「時間如何運作」兩部分公式也算是某種萬物論。想把重力和量子理論結合成統一理論，這麼做需要觀察，而我稱它爲「集中感知力」。一個次原子粒子的狀態是不確定的，直到由一位外部觀察者來決定，也就是**你**。這表示現實，包括時間，是一部分物理和一部分感知。**因爲你控制了這道公式的感知部分，所以你控制了你對時間的感知。**

◆選擇性注意力：是我們選擇看不見眞相

那麼，爲什麼任何「可能發生的事」並沒有更常發生？這個嘛，這種事其實可能比我們想像的更常發生。

假設一個杯子從你手中掉落，你居然看到它以非常緩慢的動作落下，所以你在它落地前很容易地接住了它。你大概會想出一些合乎邏輯的理由來解釋這是怎麼發生的，你覺得這件事很奇怪，但沒放在心上，而是拋諸腦後。你也可能自問：**我剛才眞的看到杯子慢動作掉落？這不可能眞的發生。**

大多時候，我們不把這種怪異體驗當一回事，隨便編個理由打發自己。爲什麼？因爲這不符合我們對現實的信念。但越來越多科學家表明，這些事確實發生在宏觀世界中。正如英國前首相邱吉爾談到政治對手鮑德溫時所說的那樣：「他偶爾會被眞相絆倒，而他總是只爬起來，匆忙走掉，好像什麼都沒發生過一樣。」我們在經歷了非凡體驗卻不當成一回事時，基本上也是做出同樣舉動。

這種「被眞相絆倒」的另一個術語，是研究人員所說的「選擇性注意力」，指的是我們把注意力放在某件事上，排除同時發生的其他事件。有部有趣的短片是很好的例子，片中一群人互相傳籃球，球員身穿黑色或白色球衣，旁白請觀眾數算身穿白色球衣的球員傳球多少次。如果你從沒看過這支影片，請先上YouTube搜尋「算白衣的傳球數」，看過再進一步讀下去。

以下爲劇透警告：最後，觀眾會被問到有沒有看到一隻大猩猩。是的，一個裝扮成大猩猩的人逕自走進球員當中，對著鏡頭搥胸幾下，然後走出鏡頭外。但是大多數的觀眾根本沒注意到大猩猩（除非事前知道要留意大猩猩）。

這就是選擇性注意力的完美例子：我們沒看到穿著大猩猩服裝的人，就算那人明明又大又明顯，這是因爲我們的注意力放在其他地方，而且沒想到大猩猩會出現。**因爲沒想到會看見，所以大腦將其排除在外。**

同樣地，如果我們期望看到的一切都遵循物理定律，再加上如果量子力學也影響了更大的世界，我們就可能忽略實際發生的事。爲什麼飛機沒降落在你家的院子裡，你膝上沒出現醃黃瓜？因爲會發生的是意料之內的事。大多如此。

儘管大部分仍存在於理論上，但把量子理論應用於宏觀世界的研究表明，量子力學適用於所有現實——龐大、微小，以及介於兩者之間的一切。我們預期的事物，跟科學所揭示的可能與眞實的東西不完全一致。

選擇性注意力的反面正是我所說的「集中感知力」，這能讓一個人體驗到更高層次的意識狀態，其特徵是進入所謂的「心流區」「心流狀態」和「當下」。

下一章我們將探索進一步的證據，在在表明「人類感知」在時間體驗裡，以及我們得以影響甚至控制時間的能力中，可能發揮多麼重要的作用。

4 無形如何打造有形

我們一旦接受現實可能由一部分物理、一部分感知組成，就會開始到處都看得到大猩猩。幾十年來，現代科學的諸多分支一直在研究這個前提：看不見的力量可能正在改變可見的「場景」，並造成強大的影響。

非語言交流可能會改變他人

最大的證據之一，涉及了使用「隨機數產生器」的實驗。在一九九〇年代，迪恩．拉丁和其他普林斯頓大學的相關研究人員，開展了他們稱爲「全球意識計畫」的項目。該研究項目試圖確定一大群人——全地球的人——是否可能使用非物理方式進行交流。

研究人員使用世界各地的電腦網路，每臺電腦都運行隨機數產生器，結果顯示隨機網路的行爲在「全球事件」期間發生了變化，例如在二〇〇一年九月十一日當天，數量龐大的人們很可能經歷共同的情感。雖然科學家不確切明白其中的方式和原因，但人們同時感受到的情緒與非隨機生成序列有所關連。如果把這種效應歸因於巧合，這種巧合發生的機率小於十億分之一。

在數十年的類似實驗中，研究人員進行三百五十多次的分別測試。雖然一個單獨事件顯示的可能影響或許微不足道、無法支持相關性，但是眾多測試的綜合結果就更爲顯著了。

根據拉丁和其他人的看法，這些原本無法解釋的相關性，只能歸因於數百萬人對災難事件產生的反應，而這些災難事件發生的同時，原本完全可預測的設備也發生了變化。人們對這些研究發現提出的批評包括：哪些類型的事件被視爲有重要性？在某個事件的隨機數據中，是採用什麼標準的變異？而且此實驗不是單盲性質（受試者都不知情），這意味著缺乏地球上災難事件的平行版本，因此無法用於比較災難沒有發生時的數據變化。儘管如此，這項研究多年來還是讓許多學者深感好奇，因爲他們想知道「影響大量人群的情緒」是否會產生可衡量的影響。根據科學定義，任何可測量之物都被認爲是「眞實存在」。

人類思想可能影響他人的思想、感受和行爲

一九九〇年發表於《美國心理研究學會期刊》的一篇文章中，「遠距離心理影響」理論認爲，人類受試者可以影響血液細胞的破壞或溶血速度，尤其是受試者自己在試管中的血液細胞。

這項有爭議性的研究，是「超個人心理學」領域的一部分，也與稱爲「超感官知覺」的研究有關。發表該研究的學者威廉·布勞德，彙編了他從一九八三年至二

○○○年間，原本發表於期刊上的文章。布勞德的遠距離心理影響理論表明，在某些條件下，我們有可能了解及影響其他人或其他生物體的思想、意象、感覺、行為，以及生理和身體活動，就算影響者和受影響者在空間和時間上相隔很遠，超出常規感官的範圍。因為這些研究消除了平時的認知與影響模式，他們的發現可能表明人類之間有看不見的互動和聯繫模式，超出了目前傳統自然科學、行為科學和社會學承認的模式。

人類感知能改變所有現實，包括時間

上述例子表明，我們的想法和意圖可能會影響某些形式的物質現實。然而，我們的思想和意圖對時間是否有特定的影響？答案似乎是「有」，而且很常見。

在體育運動中，我們都聽說過運動員會進入表現最佳的「心流區」。傳奇籃球員比爾．羅素（一九五六到一九六九年間效力於波士頓塞爾提克隊），在自傳《復甦之風：一個固執人的回憶錄》中，描述一種「神祕的感覺」，似乎讓他眼前的比賽放慢速度，創造出類似魔法的東西。他是這樣說的：

在那種特殊的表現水準上，發生了各種奇怪的事……我會付出最大的努力，在跑步時劇烈咳嗽，但我從沒感覺到疼痛。比賽進行得如此之快，以至於每一次假動作、切入和傳球都令人驚訝，卻不讓我感到特別驚奇。感覺幾乎就像以慢動作打球。在那段神奇時間裡，我幾乎能感覺到下一次較勁將如何發展，下一次投籃將在哪裡發生。甚至在對手運球逼近之前，我已經出現強烈感受，想對我的隊友們大喊：「球會來這裡！」——我知道自己如果這麼做，一切都會改變。我的預感總是正確的，當下的我總覺得自己不僅熟悉每個隊友，也熟悉每個敵對球員，他們也都熟悉我。

許多運動員將其描述為一種近乎恍惚的狀態，他們會深刻地沉浸在自己的所思所想中，以至於時間變慢。眼前的一切成了慢動作：純粹的體驗，沒有任何有意識的想法。

比爾・羅素這種職業運動員是怎樣進入「時間變慢」的狀態，甚至在事情發生前就能預知，做出非凡壯舉？許多理論和研究都致力於了解這種時間「放慢」和「加快」的現象。你有沒有過這種經驗：入睡並做夢感覺長達數小時，但醒來時，發現自己只睡了一、兩分鐘？或是你沉浸於某個想法或項目，然後抬頭看看時鐘，發現已經不知不覺地過了好幾個鐘頭？米哈里・契克森米哈伊在其著作《心流：高手都在研究的最優體驗心理學》中，描述了一種「自我超越」的人類經驗維度，廣受世界各地的人們認可，不分文化、性別、種族或國籍。他稱之爲「心流」：高度挑戰和應對此挑戰的高度能力的產物（見圖一）。心流的特點包括：深度專注、高效率表現、飄飄然的情緒、高度的掌控感、放下自我意識，以及自我超越。

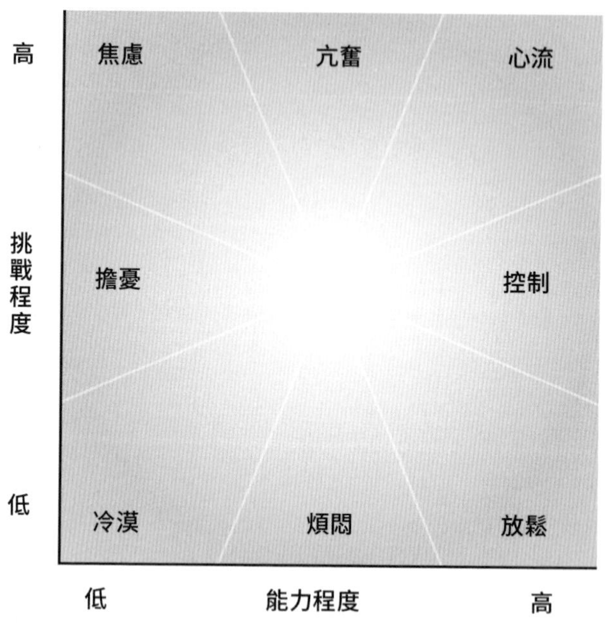

圖一：心流程度示意圖

※注：「心流」，高度挑戰和應對此挑戰的高度能力的產物。本圖在米哈里・契克森米哈伊的許可下，引用自《心流：高手都在研究的最優體驗心理學》。

其他人把這種心流狀態稱爲「進入心流區」或「處於當下」。在這種感知狀態中，時間似乎不是按我們以爲的方式運作。研究發現，**正念或專注於「當下」，會減慢大腦對時間的感知，這表示我們只要有意識地集中自己的感知力，就能減緩我們的時間體驗。**

讓我們更深入來看，我們的感知如何改變對時間的體驗。除了參加賽事的運動員之外，這種時間變慢的感覺也可能發生在大腦異常的人身上，尤其如果他們對物體運行的感知有異狀。

一篇論文研究了「時間流逝」現象，以及一名動脈瘤患者的「運動失認症」。時間流逝現象是對「移動物體速度」有著怪異感知，運動失認症則是無法看到東西的運動過程。患者描述一個例子：他看到水從蓮蓬頭滴下來，停在空中，每滴水珠都掛在他面前，就像慢動作播放的電影。研究人員認爲，這些體驗只會在身體有疾病時出現，例如癲癇和中風。

然而，正如我朋友比爾的駕車事故案例，人在面臨危及生命的緊急情況時，也會體驗到時間變慢。

諾伊和克萊提這兩位學者，對此現象進行數十年的研究，發現在瀕臨死亡的人當中，超過百分之七十回想起在瀕死時覺得時間變慢。

此外，受試者的思考速度會提高到正常速度的一百倍，能客觀又清晰地感知到自己面臨的情況。也因爲時間似乎大幅膨脹，他們能精準又明確地對迅速發生的事件做出反應。

學者大衛．伊格爾曼曾在八歲時從屋頂上摔落，他對自己從瀕死體驗中記得的一切感到非常著迷，於是深入研究。他和一些志願者進行一項實驗，這些志願者自願忍受一種稱作「懸掛式捕捉空氣裝置」高空跳躍的受控恐懼體驗。他給每個參與者戴上計時裝置，而他取得的結論是：人之所以感覺時間變慢，不是因爲實際有什麼體驗，而是對體驗的記憶。他的理論是，我們處在他所謂的「恐懼」模式時，大腦會比平時接收更多資訊。我們會非常詳細地記住這段經歷，這表明「時間變慢」的感覺，只是跟大腦在事後處理記憶的方式有關。

在另一項研究中，來自布萊斯帕斯卡大學的希爾維・卓特沃特，以及來自法國普瓦捷大學的桑德琳・吉爾，也提出類似理論：人類受試者經歷極度恐懼時，**之所以覺得時間變慢，是因爲「內部時鐘」產生了變化**。受試者觀看了三種不同類型、充滿情感的電影片段，然後被要求估算某些事件持續了多久。看了充滿恐懼的電影後，受試者認爲事件持續的時間比實際來得更長。兩位學者的結論是，恐懼引發時間「放慢」的效應，而在觀看其他兩種類型的電影片段後，受試者對時間的感知並沒有出現扭曲。

兩位學者試著從理論上解釋爲什麼會出現這種情況。她們認爲，時間放慢的體驗一方面是生理，另一方面是感知。恐懼時的生理機能——血壓升高、瞳孔放大、「戰或逃」本能的相關化學物質釋放到血液中——會導致身體進入亢奮狀態，加快人類的內部時鐘，從外部觀點來看就是放慢時間。

這些觀點很有趣，但需要予以澄清。對我來說，「恐懼」的感覺和「危險」的感覺是有區別的。就我個人而言，我發現自己在感到恐懼時，例如在深夜對房子裡出現的不明聲響做出反應時，時間並沒有放慢；但我感到極度危險時，例如駕駛的車輛失控，我對時間的感知就會放慢，就像那些「進入心流區」或「處於當下」的運動員。

丹尼爾．丹尼特和馬歇爾．金斯伯恩的研究或許能支持我的觀點：我們感覺時間放慢，不僅是因爲記憶和化學物質。在《時間與觀察者：意識在大腦中的何時何地》這篇論文中，兩位學者研究了人類的眼睛、神經和大腦如何處理看到的東西，以試圖解釋時間放慢的體驗。

他們的理論是，大腦是透過一個用來加快處理速度的反饋迴路，來處理視覺訊息。這個反饋迴路繞過視神經，直接透過視網膜來指示眼睛該期望看到什麼。這種情況發生時，例如某個人可能處於危險，需要迅速處理大量訊息，大腦因此在處理圖像時可能會順序錯亂。如此一來，這個人在看到某個事件時，就可能覺得時間以慢動作流逝。

雖然兩位學者得出的結論是，人並沒有放慢客觀的時間，但是人感知時間的速度可能會發生變化。此外，從其合理結論來看，**一個人感知到的時間流逝速度，在某種**

程度上取決於觀察者的預期（來自量子理論）。

我在不久前親身經歷了一場危及生命的情況。我當時以一百一十公里時速行駛於高速公路，我前面那輛車子再前面是一輛卡車，而卡車貨斗上的一輛自行車突然掉下來。我看到周圍汽車急忙避開，看著我自己的車頭撞上自行車，就在這時候，時間變慢了。然後，我的車似乎繞過掉在高速公路上的自行車，不然就是躍過它，或是穿過它，我到今天還是不知道這三種可能性究竟發生了哪一個，事後只記得在後照鏡上看到那輛自行車。我當時沒時間感到恐懼，但回想起來，我確實處於極度危險之中。

這件事發生的那瞬間，我對事件的感知轉變爲更高的意識狀態，包括了所有進入心流區、心流狀態和處於當下的特徵：注意力深度集中、高效率表現、飄飄然的情緒、掌控感提升、放下自我意識，之後是自我超越感。

警察局長吉姆和我分享類似的故事。一九八三年，吉姆在南加州警察局擔任臥底緝毒警察。某個工作日上午十點左右，他和一個搭檔偵訊他們當天稍早逮捕的人。吉姆稍微離開偵訊室時，得知當地一家披薩店遭到武裝搶劫。

吉姆跟搭檔說他要離開，然後開車前往幾條街外的披薩店。他抵達現場時，三個人正在搶劫披薩店，而吉姆發現這三人曾犯下一連串武裝搶劫案，最近一次在臨檢時開槍打死一名公路巡警。他們在披薩店開門前就來到這裡，進入店內，把所有員工都關進大型冷凍庫裡，只有一個員工例外。被他們漏掉的那個員工，趁機打了電話報警。

吉姆把車開到建築門口時，武裝劫匪正要從披薩店後門離去。吉姆看到另一名警官背對著建築後門的小巷。吉姆找到一輛停在一旁的卡車，陰影爲他提供了掩護，他看到劫匪開始朝他們看到的一名警官開槍。其中兩名劫匪返回建築裡，第三個跑進附近的保齡球館，後來被抓到。

最後，回到披薩店裡的兩名劫匪其中一人走了出來，一手拿著一袋錢，另一手拿著槍，瞄準一名朝他跑去的警察。根據吉姆的描述，從他跑到卡車底下躲藏的那一刻起，時間放慢了。就在他拔槍出來，大喊「警察，不許動，把槍放下，不許動」時，**時間幾乎完全停止**。

吉姆開了三槍，首先注意到的是子彈的聲音一點也不響亮。事實上，**他幾乎聽不**

見槍聲，因爲他記得當時他「站在自己身後，從右肩後方看著那把槍，然後望向遠處的劫匪」。吉姆扣下扳機時，清楚感覺到遲緩感。他手上的槍是一種半自動手槍，頂部有個滑套，每次開槍時都會來回移動，彈殼從頂部彈出。吉姆記得看到滑套以慢動作移動，彈殼也是慢動作飛出。與此同時，他每次扣扳機開槍時，都能感覺到自己的右臂和肩膀隨著後座力而慢動作來回移動。

吉姆開的第三槍擊中那人的腿，對方因此倒地。吉姆從卡車底下跑出來，就在這時候，時間恢復正常速度。事後，吉姆想起當時不僅時間和聲音對他來說都變慢了，而且雖然沒戴耳罩（在靶場練槍時會戴耳罩來降低極其刺耳的槍聲），他的耳朵也沒出現耳鳴現象。

無論我們稱其爲心流狀態、心流區、處於當下還是危險狀態，我相信這些術語都描述同一種特殊的高度意識狀態，在這種狀態中，古典物理定律似乎會扭曲，甚至不再適用。人類似乎很擅長達成這種「集感力」的特殊狀態，但大多數人無法控制或隨心所欲啓動。下一章將解釋如何利用大腦來實現這種狀態。

隨心所欲進入集感力狀態

訓練有素的專業人士，或是面臨重大危險的人，會體驗到極端高度的感知與顛峰表現，這點聽來合理，但是不是任何人都能隨意進入這種特殊的集感力狀態？我相信答案是「能」，關鍵就在於「腦波狀態」。

腦波是由思想和情感造成的腦部電流活動，在相同的神經路徑上傳播。大腦中的這種電流活動，能透過腦電圖記錄在紙上或電腦監視器上。腦波提供了有關我們有何體驗的重要訊息，因爲腦電圖紀錄能以科學方式測量。

科學家是從最近開始才能有效測量腦波，了解它跟人類能控制和改變的某些專注程度彼此間的關聯。

爲了確認不同的腦波頻率是否對應於不同類型的體驗，我參加了在亞利桑那州塞多納市的Biocybernaut生物智慧研究機構舉行的爲期一週的活動。在那裡，我和參與者進行一些任務，研究人員則監測我們產生的不同類型腦波。

神經科學一般研究的腦波頻率，有五種不同類型：貝塔波、阿爾法波、希塔波、戴爾塔波和伽瑪波。某人正在產生的腦波，可以透過放置在他們頭上的特殊感測器來測量。如果把反饋結果即時顯示給受測者看，這個人就能有意識地調整想法和情緒，進而改變正在產生的腦波。

使用該機構擁有的設備來監控和顯示時，你也能像我一樣了解每一種腦波頻率如何在大腦中發揮作用。如圖二所示，最高的頻率位於頂部，較低較慢的頻率位於底部。

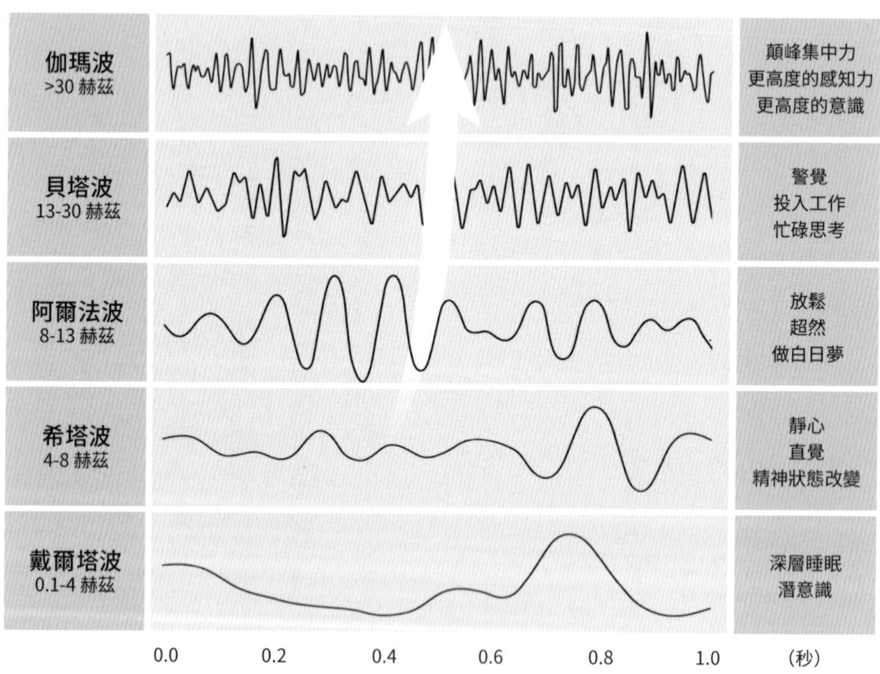

圖二：集中感知力的腦波頻率

在該機構檢測下，我產生某些類型的腦波時，他們會使用光線和聲音來提供即時反饋。我很快發現，一旦能把我「正在注意或感覺」的事物跟我的腦波模式產生關聯，我就獲得了個人基準，能判斷我頭上的大腦感測器正在記錄哪一種腦波。例如，「有意地感受愛」會產生阿爾法波；相較之下，盡可能想著我在回家後需要做什麼，藉此讓自己忙碌思考，就會產生貝塔波。這種反饋幾乎能讓我有意識地產生各種腦波。此外，在每次實驗後，我能查看結果，並查看我在實驗中做某件事的時候，產生了哪一種腦波。我學到的是：**當我改變注意力時，我改變了我的腦波狀態。**

貝塔波：警覺的頭腦

為了了解不同腦波頻率的體驗，我們先從一般人每天生活都處於的貝塔波（大約介於十三到三十赫茲）開始。這是你有意識的頭腦，處於理性、邏輯和活躍思考的狀態，其特點是警覺、專注於工作，以及忙碌思考。我發現，如果我執行更複雜的任務，例如許多人所謂的「多工」，這種腦波狀態就可能「加速」。

練習進入貝塔波狀態：

1. 想想明天或下週的待辦事項。
2. 完成事項後，試著想起那份清單上所有的項目。
3. 完成事項並記住後，在腦海中對自己重複這份清單。

阿爾法波：放鬆的反思

與警覺的貝塔波相反，阿爾法波（大約介於八到十三赫茲）是人在清醒但安靜地休息時的狀態。工作中稍微休息、散步的人，很可能會從貝塔波進入阿爾法波狀態。

這種體驗的特徵通常是放鬆、超然、做白日夢，也是最適合將抽象概念視覺化的狀態。我發現，只要有意識地放鬆，產生愛與幸福的感覺，我就能進入阿爾法波狀態。

練習進入阿爾法波狀態：

1.靜靜地坐著，閉上眼睛。
2.反思你所愛的人事物或某個地點。
3.在腦海中盡情想像。
4.把自己置身於這幅畫面，去抓住、觸摸或體驗你所愛的事物。
5.想像自己擴展到太空，彷彿你變得無限大。
6.只要你覺得舒服就繼續保持這種想法，準備好時再慢慢睜開眼睛。

希塔波：靜心與直覺

我有意從貝塔波進入阿爾法波後，希塔波也隨之出現。希塔波（大約介於四到八赫茲）可能出現在清醒和睡眠狀態之間，與靜心、直覺，以及意識狀態變化有關。經常進行單調駕駛行徑固定路線的人，往往處於希塔狀態；此外，精神放鬆、體驗到所謂「跑者高潮」的跑步者，也可能處於希塔狀態。

練習進入希塔波狀態：

1. 舒適地坐在安靜的地方，不受外界打擾。閉上眼睛。
2. 感覺自己放鬆身體，從頭頂開始，一直到腳。
3. 接下來，把注意力轉移到呼吸上，排除所有其他想法。
4. 繼續關注你的呼吸。

5.注意呼吸的重複。
6.想像一下晚上入睡前的感覺，眼皮覺得沉重，整個世界似乎既安靜又夢幻。
7.只要你覺得舒服就繼續保持這個狀態，準備好時再慢慢睜開眼睛。

◆戴爾塔波：無意識的深層睡眠

戴爾塔波是頻率最低的腦波狀態（大約介於〇．一到四赫茲），通常發生在深度恢復性睡眠期間。戴爾塔波主要存在於潛意識的大腦運作，有些人說這種腦波象徵著我們的潛意識及「爬蟲」思維，這是種古老的感知能力，能在理性思維變得警覺前就提醒我們有危險。一般人在清醒時可能不會體驗到戴爾塔腦波活動，但兒童和患有嚴重過動症的人例外。

練習進入戴爾塔波狀態：

去睡覺。由於戴爾塔腦波是存在於快速動眼（REM）睡眠期間，因此你在睡得很熟時，就可能產生戴爾塔波。

◆伽瑪波：集感力狀態

最後，伽瑪波（大於三十赫茲）是測量得到的最高腦波頻率，與高度集中力、更高度的感知力和意識有關。據說一個人在經歷超然體驗（例如「三摩地」〔梵文samadhi〕這種靜心意識狀態）時，就會產生伽瑪波；這種腦波可能會在透過深度靜心之類的練習進入高度集中狀態時被觸發。

一些針對藏傳佛教僧人的實驗表示，超然精神狀態與伽瑪波之間存在相關性。某個理論認爲，伽瑪可能就在大腦裡，所以它的存在就表明了一種「獨一」體驗或「一體意識」。我在該機構時，伽瑪腦波出現在我最深沉的靜心過程中，我同時也完全意識到自己周圍發生的事情。

練習進入伽瑪波狀態：

1. 舒適地坐在不受打擾的安靜地方。閉上眼睛。
2. 開始專注於你的呼吸，排除所有其他想法。
3. 想起生活中讓你心存感激的人事物，例如生活伴侶、朋友、孩子或寵物。
4. 用腦海中的聲音對自己說：「為此，我很感激。」
5. 接下來，在你的腦海中看到自己。
6. 用腦海中的聲音對自己說：「為此，我很感激。」
7. 接下來，在你的腦海中看到自己所在的周身環境或生活中的大環境。
8. 用腦海中的聲音對自己說：「為此，我很感激。」

9. 接下來，開始從你的心中產生強烈的感激之情，同時把注意力集中在胸口的心臟區域上。

10. 再次想像你生活中所愛的人事物，來強化這種感覺。

11. 想像把愛的感覺沿著你的身體送出頭頂，繼續向上傳播，傳至無限。

12. 只要你覺得舒服就繼續維持這個感覺，準備好時再慢慢睜開眼睛。

這種感恩練習之所以有效，是因爲它在你專注於你所愛的人、你自己，還有你的生活時，帶來了一種靜心狀態。此外，據說**「感恩」是最高形式的思想或認知，這表示最可能造成集感力狀態的因素，是「警覺」和「靜心」結合的狀態——你的頭腦高度警覺，但身體高度放鬆。**多種腦波狀態（例如貝塔波〔警覺〕、阿爾法波〔精神放鬆〕、希塔波〔靜心狀態〕和伽瑪波〔高度集中力〕）結合成更高的意識狀態時，這就可能自然發生，例如運動員在顛峰表現的體驗、人處於生死關頭時，或是因爲任何原因而進入心流區、心流狀態、當下或我所謂的集感力狀態時。

也曾參加該機構活動的安東尼是這樣描述的：

我在機構裡遇到一個轉捩點，意識到「從思考到感覺的轉變」能讓我到達那種境界。如果我頭上戴著感測器時產生一個想法，我就會進入高度收縮、腦波被抑制的狀態；但我如果讓自己去「感受」，尤其是廣闊的感受，我的大腦和我的心似乎就會以一種「我完全知道自己處於當下」的方式彼此連接。透過練習從思考（貝塔波）轉變成感受（阿爾法波、希塔波與伽瑪波），我成功改變了我的人生，讓我比以往更能活在當下。因爲「感覺」本身沒有時間成分，因此「存在於當下」成了我主要的存在方式。

只要運用接下來第二部提到的各種練習，你也能學會有意識地進入這種集感力狀態，甚至讓它成爲你人生的一大表徵。

你該如何開始？答案是：使用你的大腦。（這不只是指安東尼提到的「思考」。）人類的大腦是由產生電場的神經細胞組成，該電場在被某些設備檢測到時，會以腦波形式呈現。很多人相信，大腦自然產生的這個電場，就是想法的來源，決定了我們每個人如何體驗自己對現實的感知。此外，因爲大腦的這個「場」是帶電的（這意味著它是能量），它因此受制於物理學所依賴的同一批科學理論。大腦整體電場的能量變化，會導致不同的腦波頻率。

如果我們願意考慮「**量子力學也適用於可見世界**」這個萬物論的可能性，那麼大腦背後的科學理論也可能包括量子物理定律，像是量子纏結、疊加、觀察者效應，以及「意識會導致坍縮」這個概念。包括量子生物學在內的一些新領域的研究，越來越顯示這可能是事實。

這引出了科學最前線的問題：人腦究竟如何與觀察者效應有關？人腦在「觀察行爲導致波函數坍縮成粒子」這個量子過程中有什麼作用？也許波和粒子其實從頭到尾就是同一回事，我們只是缺乏足夠敏銳的設備來感知它們的眞實屬性。又或許，「觀察」就是某種能量轉移，是由觀察者的大腦和被觀察的東西之間的量子纏結引起的。

不論我們有朝一日會發現的確切機制是什麼，現在能確定的是，**當我們能把大腦專注在某件事上，這肯定能改變自己的腦波狀態，進而改變自己的感知能力——有時候還會產生非凡的結果**。

你可以暫時停止時間

爲了親自驗證上述想法，我們來嘗試以下練習方式，這不僅能改變你對時間的感知，也能改變你對時鐘時間的體驗。

一九七〇年代，捷克科學家伊扎克．班托夫記錄了一項實驗，在該實驗中，普通人能進入一種無時間感或集感力的狀態，並看到普通時鐘的秒針變慢或停下來。你如果也想試試，請進行以下步驟：

1. 舒適地坐在一個時鐘或手錶前，把秒針靠近你的臉，注意秒針的位置。

2.看著時鐘，保持頭部不動，三不五時把眼睛從時鐘上移開，盡可能向左或向右移動。有些人能故意讓視線變得模糊，使得鐘面失焦，這麼做也有效。進行上述舉動一會兒，然後再有意地把視線放回鐘面上，直接盯著鐘面。

3.把這個步驟多試幾次——從模糊到聚焦——好讓自己能輕鬆做到。

4.然後，開始重溫一段漫長又深刻的生動回憶，就像在腦海中回放一部精采的電影：一個你愛的地方、你第一次抱著你剛出生的孩子、一個難忘的吻。

5.回頭看著時鐘時，你大概會驚訝地發現，秒針竟然似乎動也不動。有些時候，秒針甚至會倒退走。在你陷入沉思的那一秒裡，時間明顯變慢了。

如果你能在這種練習中放慢或停止秒針，可能是因爲你的注意力夠集中，因此體驗到科學家所說的「時滯錯覺」。

這種體驗的醫學解釋是，當你迅速地把眼睛從一種腦波狀態（重溫美好的回憶）轉移去另一種腦波狀態（極度專注），你的大腦會在每次極端轉換時自動抑制視力。

你視網膜上的影像被迫從某一種觀看方式轉變成另一種時，世界會變得一片模糊，然後當改變結束時，你的大腦會用「你眼前看到的新影像」——在此例子中就是停止的秒針——來取代「你在轉變時丟失的影像」。

我們的大腦非常擅長這一點，所以我們很少注意到這種情況發生，除非你有一個明顯的外部時間顯示器，像是滴答作響的時鐘。但你的大腦把這件事解釋成：你放慢了時間。

雖然這種醫學解釋爲科學家所接受，但我有個不同的解釋。就腦波功能而言，你如果閉上眼睛，想像你正在從事自己最喜歡的放鬆活動，這會讓你脫離以貝塔波爲表徵的普通意識，進入更放鬆的阿爾法波狀態；接下來，透過凝視時鐘或手錶的秒針，同時注意其單調的運動節奏，你就可能持續並加強你的靜心狀態，進入放鬆、超然、漫無邊際的白日夢，同時維持著你的感官意識；一段時間後，你可能還會體驗到與靜心、直覺和意識改變相關的希塔波狀態。**像這樣持續透過感官，沉浸在自己最喜歡的活動帶來的感覺裡，同時保持清醒，能讓你進入一個由貝塔、阿爾法和希塔腦波狀**

態共同組成的更高意識集感力狀態。因爲你保持精神集中，所以當你慢慢稍微睜開眼睛，心不在焉地凝視鐘面時，你會發現自己處於更高的意識狀態，秒針不動，甚至可能倒退走。

如果你達到了這個更高的狀態，就可能產生與心流狀態、進入心流區、處於當下相關的伽瑪波，而這三種狀態都與集感力相同。

總而言之，你剛剛所做的，是達到深度靜心的狀態，而在這種狀態下觀察時鐘上的秒針，等同你已向自己證明了這種狀態會改變對時間的感知。

如果想用更簡單的方式來進入這種狀態，你可以安靜坐著，留意周圍令你感到愉快又有趣的事物，然後開始積極注意你周圍的新事物。光是這項簡單練習，就能改善你的心情，並開始把阿爾法和希塔頻率添加至你的腦波狀態。

雖然這其中原理至今依然未知，但大量證據正在累積，表明這種更高意識的腦波狀態與無時間感體驗之間有相關性。隨著我們更擅長讓自己進入此狀態，可能終將了解量子世界在我們日常生活中扮演的角色，到時候不僅能驗證這項萬物論，也能予以實踐。

對我來說，問題不再是「能不能」，而是「何時能」。

與此同時，你可以學習如何更輕鬆地進入集感力狀態，讓時間像橡皮筋一樣拉伸。在第二部中，你將學習一些練習法，能讓你改變腦波狀態，改變你對時間的感知，讓你成為能改變有形場景的無形因素。

第二部

掌握你當下的時間體驗，創造新未來

6 靜心：產生集感力狀態

我在二十幾歲時，曾一度覺得不再知道什麼才是人生中重要的事。我不再關心能否把事情做好，而是想知道我爲什麼會來到這個世上。

我覺得失落又孤獨。我跟朋友提起這件事，他建議：「妳何不試試靜心？」我研究了一下，最終選擇「超覺靜坐」。這是一種非常簡單的靜心法，創始人是印度的物理學家瑪赫西，他把靜心法帶到西方，並將其簡化，所以幾乎任何人都能學會。超覺靜坐包括每天兩次的二十分鐘靜心練習，靜心者在腦海中重複一個「特音」（一遍又一遍重複的梵語單字）。

◆回到現在發生的事情上

我開始靜心時，首先注意到的就是腦海中的想法一個接一個，腦袋裡有個聲音不停出現。這些想法既是關於我、我應該做的事情，也是對我周遭發生的事情的種種評論。

過了一段時間，我想出一個方法讓「猴子腦」的忙碌思緒安靜下來：不執著於那些思緒和感受。我發現，越是不執著於靜心時跳進我腦海中的任何東西，那些忙個不停的想法就越少發生。

我一旦放下不斷出現的想法和感受，就能騰出空間，讓更深層的事物在我腦海中浮現，像是深刻的見解、問題的解決辦法，以及真正的超然體驗。我在這些體驗中覺得自己屬於一個比自己更龐大的事物。

時至今日，我已練習靜心三十年，只要開始進行梵咒靜心，就能很快進入一種無念無感、非常安靜的狀態。我如果真的注意到某個想法或感受出現在腦海中，或是留意到周圍實際發生的一些事情，只會在心裡記下，然後就回到我腦海中的平靜狀態——靜心狀態。

靜心狀態是什麼？在某種意義上，這會讓你全然處於當下，是種透過「意識到當下」或「注意到當下」而達到的精神狀態，但大多數人很難做到。我們往往會陷入過去的痛苦、對未來的擔憂，或是爲了逃避現在而創造出來的各種幻想中。**學會回到當下，回到現在正在發生的事情上，這不僅是掌握時間的第一步，也是掌握自己的第一步。這就是所謂的集感力狀態。**

在這種狀態下，你可以不加評判地觀察你的思想和感受，允許一切存在、流過你的意識，而不需要判斷是「壞」還是「好」。這種不加評判的觀察行爲，有助於你更有效地掌控所思所想，從而帶來平靜、明晰和專注。靜心還能產生有利於改變我們的時間體驗的腦波狀態。

有大量文獻指出靜心的科學益處：減少憂慮和壓力，改善記憶力，更專注，更少出現情緒反應，更好的自我洞察力、道德感和直覺。此外，某些腦波會變得更爲顯著，包括希塔波和戴爾塔波。在這些腦波狀態下，更可能產生靈機一動的創造力、想起被遺忘的回憶、體驗到栩栩如生的夢境。

研究也發現，靜心能減少大腦中的「猴子腦」想個不停——想太多常會導致做白日夢以及對自己的批判想法。

許多文獻也指出靜心對身體的好處：最近一項研究發現，與非靜心者相比，長期靜心者（已經練習了二十年或更久）的大腦退化程度更低。此外，靜心似乎會增加大腦用於學習、記憶和情緒調節等關鍵區域的面積，並減少跟恐懼、焦慮和壓力有關的區域面積。

觀看你的想法和感受

儘管靜心有這些已知的好處，但「為什麼會出現這些好處」的科學解釋則尚無定論。

靜心的許多好處，是與我們的大腦如何工作、思想如何產生，以及思想來自何處有關。這突顯了「意識」的問題，在科學上也被稱為「意識的難題」。

意識之所以是個「難題」，是因為物質世界（包括我們的物質大腦機制）與非物質世界（包括我們的心智、思想和感覺）之間，似乎存在一道無法彌合的鴻溝。例如，思想從何而來？為什麼我們會有「感覺」這種體驗？這個由心智、思想和感覺組成的非物質世界，就是我們所認為的意識。

有些科學家認為，他們已經了解意識從何而來、如何運作；另一些科學家則認為，我們根本還沒摸到答案的表面。結果越來越多學者轉向量子物理學來解釋意識的奧祕。

「觀察者效應」在一百多年前被發現後，意識的相關證據似乎已經跟量子理論分不開關係。一些科學家得出結論：意識必須作為一個重要因素被納入量子理論。包括愛因斯坦在內的其他人則不這麼認為；愛因斯坦有句名言：「我傾向於認為月亮就在那裡，就算我沒看著它。」

不同於愛因斯坦，曾獲諾貝爾獎的物理學家羅傑・潘洛斯指出，意識不僅影響量子力學，也因爲它而存在。潘洛斯認爲，人類大腦中有些分子結構，會對量子事件產生反應，而改變其狀態——就像粒子對觀察者效應產生反應時一樣。儘管受到科學界的挑戰，潘洛斯依然不爲所動。

此外，自潘洛斯的研究以來，其他人發現了生物體內存在量子效應的證據，例如遷徙鳥類使用量子力學進行導航。因此，雖然似乎沒有確鑿證據表明量子理論可以解釋意識，但我們還是很難相信意識的純物理定義可以解釋「觀察者效應」這種已被證實的現象。

意識或許不會完全創造我們的現實——我所謂的「現實」是指可測量的——但如果現實是一部分物理，一部分感知，那麼意識確實可能會影響在我們日常生活中、宏觀世界裡可能發生的結果。

這種關於意識和觀察者效應的討論，與靜心有什麼關係？以下是眞實案例。

有一天，我和安娜分享了觀察者效應和「意識導致坍縮」背後的科學。她雖然理解這些概念，但還是覺得「她對量子世界的理解」以及「她自己的生活經歷」之間存在巨大的鴻溝。她不確定自己能否從「正常的日常意識思維體驗」跳躍到「量子原理所解釋的人類對自己和世界如何運作的更深層體驗」。

爲了體驗兩者之間的差異，我建議她開始進行我在接下來的練習中分享的靜心技巧。我告訴她，這是我所知道進入集感力狀態最簡單的方法，也稱爲心流狀態、進入心流區或處於當下。隔了一星期，她跟我說她對結果感到驚訝。「我覺得我的整個自我意識都擴大了！我這才意識到，在之前的生活方式中，彷彿只有我的思想和感覺才是重點。但透過妳給我的練習，**我發現自己有一部分能看著我的想法和感受，而且這比我的想法和感受更重要。**我可以體驗到自己的某一部分與神性相連，並且始終處於平靜狀態。」

她所謂的「與神性相連」，可能與觀察者效應對人類的影響相同。這種體驗被描述成「合一」「一體」「平靜」與「超越」，我稱之爲集感力狀態。

正如安娜所描述，**當你能注意到自己的想法和感受的發生，而不執著於此，你的**

體驗能力就會擴大。你可能會意識到，你不僅是你的想法和感受的總和。你可能會體驗到自己是個觀察者，正在觀察自己的思想和感受，也許就跟物理學發現的觀察者效應一樣。

以下的簡單靜心練習，可以讓你充分利用已學到的內容。透過練習，你不僅可以體驗到當下（這對掌控時間至關重要），在清醒時也會有更高的注意力、更好的記憶力和學習能力，以及減少恐懼、焦慮，和以自我為中心的想法。

最重要的是，你將產生集感力的腦波狀態，這是改變你時間體驗的關鍵，也是後續所有練習的基礎。

靜心練習：產生集感力狀態

在黑暗中進行這項練習，無論是閉上眼睛、關燈，或是戴上眼罩都可以。

舒適地坐在地板上，雙腿交叉於身前（通常稱為蓮花坐），雙手放在膝上，手掌向上。如果你覺得這個姿勢不舒服，可以坐在一個小枕頭上，雙腿交叉於身前，或是靠牆而坐，雙腿向前伸直。

注意你的心智如何運作：正在反思過去發生的事嗎？正在爲將來發生的事情做盤算嗎？又是否注意到你周圍的事物？順其自然地讓這些念頭出現，然後把注意力集中在你的呼吸上。

開始用鼻子吸氣，用嘴吐氣，呼出的氣是吸氣的兩倍長。想像你的吐氣是煙或霧，離開你的嘴。

下一次吐氣時，在你閉上的眼睛前面看到3這個阿拉伯數字。再下一次吐氣時，在你閉上的眼睛前面看到2這個數字。再下一次吐氣時，在你閉上的眼睛前面看到1這個數字。再下一次吐氣時，看到1這個數字變成0。

只要你願意，就繼續保持這種安靜、處於集感力的狀態。準備好的時候，慢慢睜開眼睛，或是準備進行下一項練習。

高階技巧：小狗和小貓

有意識的想法遲早會不可避免地出現。想輕鬆擺脫，請使用我稱之爲「小狗和小貓」的練習。

任何想法進入腦海時，把它變成你喜歡的東西，像是小狗或小貓。把注意力集中在這個想法上，然後刻意把那隻小狗或小貓放在「外面」。這麼做就能發揮「把想法移出你意識」的效果。如果它們回來，就再一次放到外面，直到不再回來爲止。訣竅在於：你在靜心時，沒辦法與腦袋裡的想法或念頭抗爭，但透過這項練習，你能允許一切想法自然發生，但不會執著於此。

高階技巧：我今天能做什麼？

雖然這項練習是後續所有練習的基礎，但也可以當成獨立的練習，好讓你獲得更深層的智慧和清晰思路。

在集感力的狀態中，你完全處於當下，擺脫了對過去的遺憾以及對未來的恐懼，處於一種「不加以評判地觀察自己的想法和感受」狀態。你可以好好利用這種更平靜、清晰又專注的狀態，自問一個你想知道答案的問題，例如：**我今天能做什麼？**當你獲得了需要的明晰或完成感時，慢慢睜開眼睛。

想像力：提前體驗你的未來

幾年前，我從紐約搬到佛羅里達。我在紐約時，住處的露臺裝有戶外淋浴，我在佛羅里達的新家也想要同樣的設施。我親自打包了淋浴設備，還特別小心翼翼地包好把淋浴設備接上軟管的某個零件，這是一根獨特的五吋塑膠管，一端有個插座，我確信這個零件一旦弄丟或弄壞，恐怕只能再買一套全新的淋浴設備。

我抵達佛羅里達，開始整理行李時，天氣非常熱，所以決定使用我這套美妙的戶外淋浴設備。我來到後門廊，淋浴設備還在箱子裡，於是我打開箱子，尋找剛剛提到的零件。奇怪的是，我明明仔細地用膠帶把它黏在淋浴設備上，現在卻找不到了。

我惱火地把箱子裡的東西全倒出來，瀏覽所有物品，其中包括我在紐約住處露臺上的其他物品，但就是找不到那個零件。

我終於放棄，鎖門外出，來到我的車上。我打開車門，往裡頭看了看，然後跳上座位。令我驚訝的是，那個淋浴零件竟然就掉在油門踏板上。

我的車是用卡車運來的，幾天前抵達這裡後，我天天都有開車，而在這一刻之前，我從沒看到這個帶有亮橘色插座的五吋塑膠管，這個剛剛怎麼也找不到的淋浴零件。

怎麼會掉在這裡？難道是我的想法使它憑空出現？這整件事都是我想像出來的？我永遠不知道答案。我只知道自己把零件拿去樓上安裝，然後開始淋浴。

想像力能創造現實

我們很多人在小時候相信，自己不僅能用思想或想像力來影響內在世界，也能影響外在的物質世界。這通常被稱作「魔幻思維」，這種體驗的科學原理也獲得大量研究。

知名兒童研究學者皮亞傑指出，魔幻思維是兒童認知發展的關鍵，源自「自我中心主義」（相信自己是宇宙的中心），再加上有限的推理能力。隨著孩子逐漸成熟，這種想像性思維最終會被相容於主流科學原理的理性思維所取代，例如因果關係。

然而，對於一些人來說，就算接觸過科學推理的洗禮，魔幻思維仍會持續到成年。皮亞傑使用的例子是宗教信仰，這些源於社會化或文化制約的信仰想法，通常用於解決的問題包括生命的意義、存在的意義，以及我們死後會發生什麼事。

許多科學家認爲，成年人經歷的魔幻思維，像是相信我們可以利用自己的想像力來影響物質世界，可能是大腦異常的證據，思覺失調症就是明顯的例子。但最近的腦科學研究揭露，多達二七%的人缺少「正常」大腦的某個特徵，該特徵讓人能區分哪些是想像出來的，哪些又可能是眞的發生。研究人員覺得這種結果令人驚訝，因爲實驗對象都是受過教育的健康成年人，沒有已知的精神障礙病史。

雖然部分科學家把「想像力能影響現實」這種想法視爲大腦異常，但有些人發現，想像力在「創造我們的物質現實」中扮演重要角色。一個被廣泛引用的例子如下：芝加哥大學的研究人員發現，讓一群高中籃球員在大腦進行「**心理演練**」（又稱「意象訓練」），效果幾乎跟實際練習罰球一樣好。

這類研究表明，我們的想像力（以心理演練或意象訓練的形式）可以用來改善在運動和其他體育活動的表現。然而，指出「人的感知會影響物質現實」的最大證據，可能就藏在顯而易見的地方：**安慰劑效應**。

安慰劑效應長期以來被視爲臨床試驗中的不利因素，這種效應是指，有一定比例的人會在被告知自己接受的是眞實的治療時，體驗到正面影響（但其實他們接受的是假的治療）。最近，學者開始以積極觀點看待安慰劑效應。例如，哈佛醫學院的「安慰劑研究與治療接觸」研究了安慰劑效應的各個層面，包括身心聯繫、患者與醫治者的關係、醫療儀式、照護提供，以及治療對患者的意義，以改善患者接受治療的成效。

想像力確實在生活中扮演重要角色，至少會產生直覺，激發新的想法，並產生洞察力和創新。正如愛因斯坦說過：「**眞正象徵智力的，不是知識，而是想像力。**」如果想像力是我們形成新想法、概念和外部物體圖像的能力，就會影響我們在思考、創造和實作方面的一切。想像力造就出理論和發明，而這些理論和發明對科學和藝術的一切領域至關重要。

但隨著觀察者效應以及「意識導致坍縮」等想法的發現，想像力在量子力學中的作用可能比在宏觀物質世界中的作用更大（而這讓當時和現在的科學家都感到不安）。世界各地都在競相打造第一臺量子電腦，這就表明我們相信這種電腦的性能將遠勝一般電腦——而量子電腦就是模仿人腦。一般電腦是使用數十億個物理開關打開或關閉（以電晶體形式）進行計算，量子電腦則是使用原子和次原子粒子進行計算。因爲這些粒子可能同時處於開啓或關閉的狀態（至少在被測量之前），所以量子電腦可以同時進行多筆運算。也因此，現在已經有報導表示，量子電腦的運行速度，是最先進超級電腦的數百萬倍。

無論觀察者效應究竟是什麼，它是否正透過我們的想像力在更大的世界中組裝現實？幾年前，我眞的需要某個朋友償還我借給他們的錢。我知道他們手頭很緊，他們也對此感到難過。所以，我沒把注意力集中在負面事情上，而是**想像朋友解決了所有問題，還錢給我，他們遞給我支票的時候開心地擁抱我**。透過這樣做，每個人都能從我眞正希望發生的事情中受益，任何人都不會受到損害。最終，那一幕眞的發生了，幾乎就跟我想像的一模一樣——雖然我拿到錢的時間點比我預期的晚，但結果讓我們雙方都受益。

現在輪到你了。

試試這個練習：用想像力來提前體驗你希望發生的事情。從第六章介紹的「產生集感力狀態」練習開始，你將激發包括希塔波在內的腦波狀態，這些狀態跟直覺與改變的意識狀態有關。

把想像力當成一種工具，你或許就能創造你想要的生活，而不只是希望它成眞——這或許能省下僅僅通過肢體努力來創造那種生活所需的時間。

想像力練習：提前體驗你的未來

你首先要做的，是使用第六章的「產生集感力狀態」練習，來盡可能讓身體放鬆。

想著一樣你真心希望爲自己創造的事物。我希望你選的事物對所有相關人員都有利，而且不會傷害任何人，或讓任何人事物蒙受損失。

我運用這些練習幾十年，了解到如果付出一點額外的努力，去想想如何讓所有人事物從我希望發生的事情中受益，而不僅僅考慮這將如何使我自己受益，我想要的結果似乎就更可能發生。

想像一下，你想創造的事物已經在各個層面上發生了：視覺上、體驗上，還有情感上。把「事情是如何發生」的任何解釋都拋在腦後，只簡單地接受「**事情已經完成了**」。讓自己深深沉浸在「某樣事物已經被創造出來」的感覺裡，以及「目標已經達成了」所帶來的放鬆與滿足感中。

準備好的時候，慢慢睜開眼睛。

特別注意：如果你很難感覺到「你想要的事物已經成眞」，請想像你正在潛入那種感覺裡，彷彿那是一處巨大的湖泊。看見自己沐浴其中，感覺像泡在水裡一樣。

高階技巧：想像三年後的自己

你如果不確定想創造什麼，可以運用以下這個類似的練習。

你首先要做的，是使用第六章的「產生集感力狀態」練習，來盡可能讓身體放鬆。

想像一下你從遠處看著自己正坐著。接下來，想像一個氣泡包圍你，把你從所坐的地方擡起來，你現在看到下方是你的家、辦公樓或其他地點。

想像一下，你看到下方的地球往你的左方移動，氣泡開始朝你的右邊移動。繼續想像氣泡移動，直到你感覺自己來到三年後的未來。

看著氣泡停止移動，而且下降，讓你回到地球。觀察你的周圍。你在哪裡？你在做什麼？你跟誰在一起？不要覺得你必須去創造自己正在體驗的東西，只需注意它。透過「想像三年後的自己」，你就能了解你想爲自己和人生創造什麼。

記住你三年後的人生，然後想像氣泡再次包圍你，把你擡起來。想像氣泡開始朝你的左邊移動，看著地球在你下方移動。感覺自己來到兩年後的人生時——這意味著你從剛才的位置折返了一年——想像氣泡把你放下來。你所在的位置，是你想像自己在兩年後的人生。你看到什麼？

接下來，看著氣泡再次包圍你，把你擡起來。想像氣泡再次朝你的左邊移動，看著地球在你下方轉動，這次你來到一年後的未來。想像氣泡把你再次放在地球上。你這次看到什麼？

最後，回到當下的時間點，坐在你現在所在的位置上。寫下你看到什麼，包括「走哪條路能讓你到達那裡」的見解。

創傷：扭轉過去

進入集感力狀態是隨心所欲改變時間體驗所需的基本技能。但是研究指出，幾乎每個人都避免把注意力放在當下這一刻，而是傾向於重溫過去，或是擔心未來。**陷入「對過去的遺憾，對未來的恐懼」的無盡循環中，會使我們無法進入集感力狀態，也因此無法掌握時間。**

別擔心。如果你發現自己對過去或未來的念頭不斷地妨礙現在，以至於很難進入集感力狀態，本章和下一章的練習將有助於消除關於過去的痛苦想法、關於未來的擔憂，移除「妨礙集感力」的障礙，好讓你改變自己對時間的體驗。

過去的痛苦凍結你的現在

對一些人來說，「過去的痛苦」嚴重阻礙他們充分體驗現在。

瑪格麗特小時候，她母親非常投入教會工作，在教會當義工時，經常把她獨自留在教堂裡。瑪格麗特回憶說，她大約五、六歲，獨自一人時，遭到工友性騷擾。瑪格麗特跟她母親說了這件事，但母親不但沒爲她挺身而出，反而責備她。這種極端的童年創傷——性騷擾，以及她感知到母親對她的背叛——使得瑪格麗特走上歧途。就算是幾十年後的今天，她還是感到嚴重自卑，有時甚至無法工作。她把大多數的日常經歷，解釋爲源自同一個昔日創傷。這種「不斷重溫過去」凍結了瑪格麗特的時間，使她無法放下昔日事件，往前邁進。

「創傷」源自希臘語的「傷口」一詞，被定義爲導致嚴重的精神、情感、身體反應的事件。可能被視爲創傷性事件的範圍包括性侵（就像瑪格麗特所經歷的），然而人生中的任何事件都可能被視爲創傷，無論是對自己生命或他人生命的威脅、道德瑕疵，或是面對暴力和死亡。

多年前，丹尼經歷了一次創傷，他產生的情緒反應是「懊悔」。丹尼上大學時，仍跟家鄉一個女性好友保持聯繫。他在寒暑假回老家時會去找她，也經常和她在一起。這個女性朋友比他早畢業，事業有成，經常在週末回到老家，以便兩人保持往來。某天晚上，她在鎮上，他們倆喝了幾杯酒，然後回到丹尼家。她得開車回家，因爲第二天一大早就要開會。丹尼勸她留宿，酒後不要開車回去，但她拒絕了。丹尼選擇不堅持勸告，因爲他不是她的男朋友，而且他一直認爲她比自己更年長、更明智。這個朋友當晚駕車離去，卻在途中失控，死於一場可怕的事故。

丹尼爲她的死自責，後悔沒堅持要她不要開車回家。和瑪格麗特一樣，這起事件也凍結了丹尼，因爲他在腦海中持續重溫這場悲劇。

這兩個故事中都發生了創傷事件，並永遠改變了當事人的人生方向，導致負面情緒糾纏。在其中一個案例，當事人直接經歷一起創傷性事件；另一個案例則是發生一起悲劇事件，導致一個人以自責的形式對自己造成創傷。

創傷和懊悔，是「戴上過去的眼鏡來看待現在」所產生的結果。這麼做未必一定是壞事，畢竟來龍去脈很重要。但是，**當我們不斷地透過過去的鏡片來看待現在，現在就成了過去的呈現，並使得我們無法完全進入眞正的現在。**

例如，雖然創傷經歷會引發健康且正常的情緒，例如憤怒、焦慮、恐懼和悲傷，這些情緒會隨著時間推移、當事人獲得療癒而消退，但有時候也會久久無法好轉，甚至阻止創傷癒合。在瑪格麗特的案例中，她的創傷造成的恐懼可能會產生正面的保護結果，使她更懂得愼選朋友，而她的憤怒也可能會使她在成年後勇於爲自己挺身而出，但這些並沒有發生。

同樣地，丹尼爲自己那天的行爲感到內疚，這可能會導致他向那個朋友的家人道歉，並努力讓自己恢復正面的自我形象，但這也沒發生。

在這兩個案例中，這些情緒都沒有引發「矯正行爲」。相反地，兩個人的自我形象都因創傷而大幅改變，以至於他們的無價值感、無助感、自卑感和「我這個人根本有問題吧」的感受使他們陷入困境。這兩人都感到動彈不得，無法做任何事來緩解情緒。這些感覺可能非常強烈，以至於不僅支配當事人個人的思想，也對人際關係產生負面影響，讓人覺得與整個世界嚴重脫節。

◆正念減輕過去的痛苦

幸運的是，與創傷有關的科學已經取得進步，因此研究人員能更了解創傷，尤其是對大腦的影響。舉例來說，科學家一直以為大腦與身體相似，一旦成熟，就會停止生長或發育；而大腦如果受傷或生病，復原的可能性非常有限。但最近，研究人員諾曼·多吉提出，大腦會一直不斷改變，對經歷和事件做出反應。這方面的研究稱為「神經可塑性」，其指出，大腦能進行廣泛的自我療癒，能處理的不僅包括創傷，也包括自閉症、中風，以及帕金森氏症之類的退化疾病。

這類研究對瑪格麗特和丹尼的意義是，創傷和長期懊悔的影響只是暫時的，會隨著大腦重新調整神經線路而減弱。可是這兩人都沒有改善。事實上，神經可塑性的批評者指出，大腦重新接線的功能會導致自我毀滅的頑固習慣，無助於人們改善生活。另一個可能是，大腦也許會產生某種適應方式，以至於對未來創傷產生的心理防禦，會比創傷本身更具自我毀滅性。其他批評者認爲，多吉對神經可塑性的發現其實無關緊要，對人類的心理發展沒有任何影響。

相較之下，「正念」這個研究領域，也許更可能有益於療癒大腦創傷，並讓人們擺脫過去的心理困擾。當你處在正念的狀態下，你能觀察自己的想法，而不去判斷是好是壞。

正念另一個好處，是可以激發「**由我掌控大局**」的想法，從而產生平靜、清晰和專注感。**從時間的觀點來看，正念意味著當事人注意到或意識到當下這一刻。這也意味著「植根於過去的創傷」，無法與「處於正念狀態的大腦」共存於此時此地**。正念可以助人引發包括阿爾法波、希塔波和伽瑪波在內的腦波狀態，這些狀態可能在當事人體驗到更高度的意識時出現。你可能已經猜到了，靜心能引發正念狀態，也是我們進入集感力狀態的方式。

我們在這裡面臨一個挑戰：**過去的痛苦會干擾正念體驗，但正念就是能讓我們減輕過去痛苦的途徑。**

有辦法能打破這個循環，並「眞正地」影響過去嗎？從量子理論的角度來看，在量子粒子的層面上，答案是肯定的。

現在能改變過去

在波粒二象性的概念中，「觀察」決定了光的行爲是光子還是波（在觀察之前可能是任何一種）；衍生自此，物理學家約翰．惠勒在一九七〇年代進行一項臆想實驗，發現**在當下採取的行動，確實會影響過去發生的事**。這項實驗被稱作「延遲選擇量子擦除」，原理如下。

這些實驗是從最初用於證明波粒二象性的經典「雙縫實驗」開始。想像有一個光源，如圖三所示。光子從中射出，穿過兩條狹縫，出現在另一側的屏幕上。如果光子

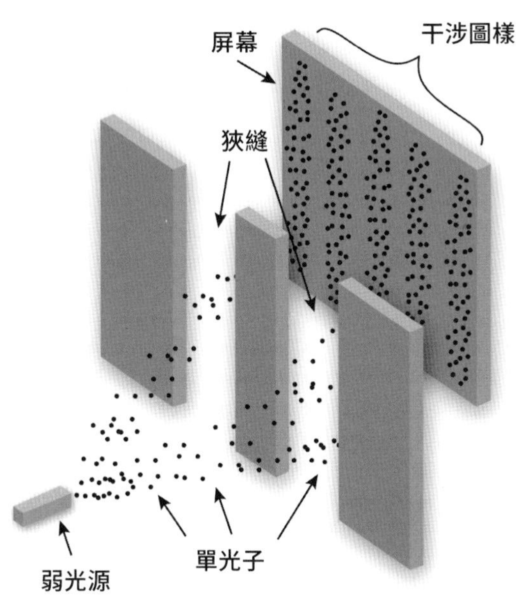

圖三：雙縫實驗

通過兩道狹縫，觀察者會看到由明暗斑塊組成的「干涉圖樣」，這是光像波一樣作用的結果。

臆想實驗就是從這裡開始。

想像一下，狹縫另一邊的屏幕不存在。從光源射出的光子會像從槍械射出的子彈一樣繼續前進，永遠不會被任何屏幕檢測到——這些屏幕能確定它們究竟成了波還是粒子。

可是，如果我們是在光子通過狹縫**之後**才決定有沒有屏幕呢？如果我們繼續套用量子原理，結果是：在「決定屏幕是否存在」的那一刻已經發生後，光會從波（出現在屏幕上）變成粒子（光子）——彷彿它回到過去，從波變成了粒子。

二〇〇七年，法國的研究人員再次進行了雙縫實驗，讓一個光子穿過兩道狹縫。然後，他們使用隨機數產生器來決定要不要在另一側放置用於檢測的屏幕。他們也使用某種設備，這臺設備切換「有屏幕」到「無屏幕」的速度，比光子抵達屏幕的速度更快。不過就算研究人員擴大了實驗規模，把光子從地球射向太空——距離超過三千五百公里——結果還是一樣：光子的「過去」並非一成不變，很可能因為現在發生了什麼而改變。

光子存在於量子世界，其行為與我們周圍的宏觀世界截然不同。話雖如此，既然這些科學結果顯示「現在能改變過去」的可能性，這就顯得神祕又奇妙。

將「現在能改變過去」的量子原理付諸實踐的方法之一，是使用一種稱為「扭轉過去」的古老技巧，結合了集感力和想像力這兩項技能。利用這種技巧，你能透過想像力回到過去經歷過的創傷，重溫相關事件，並改變結局。

丹尼運用這項技巧，在腦海中重溫那天悲劇性的決定，並改變了之後發生的事，成功擺脫了他因為朋友的死而歸咎於自己的責任。雖然這麼做並沒有立即讓他擺脫昔日的創傷性想法，但每天重複練習，接連練習二十一天後，他成功化解了心中的愧疚，也更能接受一個人「身體死亡」的事實。

「扭轉過去」適用於任何給當前造成負面情緒的昔日經歷，不僅限於創傷。事實上，我每天晚上都會扭轉我經歷了的一天（請見下面的高階技巧），看著一天中的任何負面結果都被扭轉成最好的結果，以消除我對今日事件的負面情緒可能對未來產生的任何影響。

當然，扭轉過去並不能消除你對事件的實際體驗（說不定也可以？）。但可以肯定的是，你能改變對它的感受，擺脫過去，享受現在，甚至爲自己重組一個更美好的未來。

◆療癒創傷練習：扭轉過去

運用第六章的「產生集感力狀態」練習，盡可能放鬆。你閉起的眼睛前面出現數字0的時候，把注意力轉移到你想改變和擺脫的一些生活經歷上。可能是一件小事，也可能是大事。如果你感覺某件小事背後有更深的創傷，但不確定是什麼，那麼就從這件小事開始吧。

開始重溫你在哪裡、和誰在一起的感覺。帶出與這項體驗有關的任何情緒，像是憤怒、恐懼、怨恨、沮喪、悲傷或焦慮。欣然接受負面情緒。把這些經歷和情緒放在你的腦海裡，彷彿它們全都在這一刻再次發生在你身上。

接下來，**扭轉你對這個體驗的負面感受，讓事件圓滿解決**。讓圍繞這個體驗的所有問題和疑問從你的想法中消失。請安心地鬆一口氣，讓自己因爲問題獲得解決而覺得充滿力量。

準備好的時候，慢慢睜開眼睛。

高階技巧：即時扭轉負面經歷

你可以用這項技巧來扭轉一天當中發生的任何負面經歷。例如，我跟一個令我感到難過或生氣的人交談後，會立刻找個安靜的地方，閉上眼睛，練習集感力，重溫談話中不愉快的話語，然後改變那些話語。如此一來，經過重新想像的對話結束時，我會覺得安心、平靜。

高階技巧：扭轉你的一天

你也可以利用這項練習來扭轉每天發生在你身上的事。睡前躺在床上時，想想你在那天早上睜開眼睛的那一刻，然後度過你的這一天，把每一個經歷都轉變成原本能發生在你身上的最好版本。繼續這樣改變你在這一天記得的所有經歷，直到你完全重溫了這一天，然後讓心思回到所躺的床上，準備入睡。

高階技巧：扭轉夢境

扭轉過去也適用於夢境。如果從惡夢中驚醒，也可以運用上述練習技巧，這次不是扭轉過去的事件，而是詳細地重溫夢境，回想夢裡令你感到不安的那一刻。接下來，把負面事物扭轉成正面，讓這個夢境的最好版本發生在你腦海中，然後完成先前提到的其餘練習步驟。

高階技巧：扭轉昔日創傷

如果你持續經歷一些跟特定場景有關的負面情緒，但你不知道爲什麼會這樣，而且你也準備好並願意處理你負面情緒的更深層原因，可以先從練習「在需要時獲得洞察力」開始（請見第十一章）。

如果你大略知道負面情緒的來源是什麼，就能運用上面的練習來扭轉。當你在腦海中看到自己的情況獲得解決時，想像你最明智、最仁慈的「成年自我」來到這一刻，與你同在。

想解決或療癒這些負面情緒，你在這一刻最需要什麼？

在腦海中看著你的成年自我爲你提供所需的一切。

在事件以最圓滿的方式解決後，請感受這時候出現的所有正面情緒，然後完成「扭轉過去」練習的其餘練習步驟。

9 擔憂：別讓未來拖慢你現在的腳步

對未來的恐懼，也可能妨礙你進入集感力狀態。

舉例來說，我的住家地處偏遠，所以我經常在晚上打開居家警報器。某天晚上，我總覺得雖然睡前已設置警報器，但屋裡不是只有我一人。如果眞有入侵者進屋，和我一起生活的寵物應該會察覺到，而且牠們此刻正安穩地跟我睡在同一張床上。儘管如此，我無法停止的諸多想法，還是讓我緊張到身體動彈不得，這種恐懼感強烈地揪住我，讓我徹夜難眠。

因爲家裡的警報器沒被觸發，寵物也沒任何反應，我的恐懼顯然一點也不理性。我當時也沒感覺時間變慢，這讓我知道自己並沒有處於集感力狀態，而是另外某種狀況正在發生。

不再害怕得動彈不得

恐懼與擔憂（擔憂就是程度較輕的恐懼）不同於其他感受。正如我那晚的經歷，恐懼影響了我身體和思想的每個層面，降低了讓我了解周圍事件的理性能力，使得我身體暫時凍結，動彈不得。

腦科學告訴我們，不同的腦波狀態是由思想和感覺所產生的。最近有項研究探討人們看到可怕圖像時，大腦裡會發生什麼事。這項研究的新穎之處在於，試圖把人們的「思想」跟人類和動物對恐懼的天生反應（也就是遇到危急狀況時「戰或逃」的本能）區分開來。此外，它也特別關注「大腦如何優先處理被視爲具有威脅性的訊息」。

研究人員向受試者隨機展示一些因爲視覺扭曲而模糊，不然就是很難一眼辨識的圖像。這些圖像要麼令人愉快且不具威脅性，要麼令人不悅且具有威脅性。頭上戴著感測器的受試者，會按下按鈕來記錄剛剛看到哪一類的圖像。

一如所料，令人恐懼的圖像會立即導致更高的貝塔腦波活動，這種腦波與「戰或逃」本能反應有關。但研究人員還發現，令人不悅的可怕圖像會導致希塔腦波升高，這種腦波通常與創造力、靈感和洞察力有關。希塔波會從大腦的杏仁核（大腦的恐懼中心）開始，移動到海馬體（大腦的記憶中心），最後移動到額葉（被認爲是人類的智力和想像力所在）。研究人員使用「移動」一詞，來描述大腦神經元發出電流訊號的大致方向。換言之，恐懼似乎會在我們的大腦中「移動」，不僅影響我們的意識思維和感覺，也影響記憶、想法和想像力。

雖然這是一項小型研究，但確實讓人窺見了恐慌症持續發作時的可能治療方式，以及究竟是什麼因素觸發了我們時不時閃現可怕事件的記憶。而擔憂雖然不如恐懼那麼強烈，但也始於大腦中的一個想法，導致某些腦波產生，並隨著想法成形，而從一個區域移動去另一個區域。

對我而言，這意味著恐懼和擔憂可以被集感力的腦波狀態中和。具體來說，靜心產生的集感力，被證明了能減少恐懼和擔憂，並消除與貝塔波有關的自我指涉想法，像是：「我會發生什麼事？」而從物理學的角度來看，觀察者效應解釋了量子粒子的行爲取決於科學家是否正在關注它們。無論如何，**把心思集中起來，就會對你「如何體驗現在」產生可見的影響力**。

被恐懼籠罩的那一晚，我終究按捺住自己，用以下練習來阻止大腦產生不受控制的「戰或逃」想法。

我在 Biocybernaut 機構的經歷讓我知道，如果我開始透過集感力來深度放鬆，就能把腦波從恐懼狀態轉變爲放鬆和反思時的阿爾法波，然後轉變爲靜心狀態的希塔波。

我採用了以下步驟：第一個步驟比較反直覺，就是強化恐懼感，試想各種可能的糟糕狀態；接著突然停止這些感覺，辦法是專注於「**我現在很好，完全安全**」的事實。我感受到的安心，可能產生了精神上放鬆的希塔波，這種腦波跟集感力以及超越時間的體驗有關。

如果你發現自己對未來的恐懼或擔憂，阻礙了你去意識到當下，你的時間體驗就會受到影響，正如「著眼於過去的創傷」會造成的影響。你如果沉浸於對未來的憂慮，其實就是在浪費現在的時間，再怎樣試圖放慢或停止時間，也無法幫助你體驗到放鬆和流暢感。

下一次出現擔憂的想法，或是被恐懼籠罩時，請試試以下練習。覺得害怕得動彈不得的時候，請立刻改變「一部分物理，一部分感知」這個時間方程式裡的感知部分，並把你的腦波狀態轉變成有利於更高意識的狀態。如此一來，你不僅能更好地進入超越時間的狀態，也能避免把時間浪費在擔心未來上，好讓你能在當下採取一些實際行動。

不再擔憂的練習：別讓未來拖慢你現在的腳步

運用第六章的「產生集感力狀態」練習，盡可能放鬆。閉上眼睛，看到數字0出現在眼前時，把注意力轉移到你想予以中和、擺脫的恐懼或擔憂的想法上。

仔細想像一些可能導致你本人或其他人受到傷害的不愉快狀況，藉此充分體驗恐懼的情緒。你如果正在經歷某個程度較輕微的擔憂，請把擔憂的想法強化到極端程度，在腦海中體驗所有可能發生的不愉快。增強恐懼的情緒，直到你感覺到身體出現感受。把這些經歷和情緒放在你的腦海裡，彷彿它們全都在這一刻再次發生在你身上。

接下來，停止這麼做，而且**意識到這種體驗未曾眞實發生。你在此時此刻很平安，沒有不愉快，你完全安全**。對自己說：噢，那些事其實根本沒發生，或是事情並不是像那樣發生。讓你想像出來的所有可能發生的想法和感覺，從腦海中消失。你不知道如何或爲何，只是沉浸於這種安心感：「**那些不愉快的事，從不曾以我想像的方**

式發生。」你的心智對此可能會表示反對，所以請先把這個反對放在一邊。如果又出現反對意見，那也沒關係，請繼續把那些想法放在一邊。

感覺自己完全擺脫了不愉快的事，這可能產生安全感或正面結果。請在腦海中想像自己鬆了一口氣，因爲不愉快的事情從未發生過。準備好的時候，慢慢睜開眼睛。

高階技巧：什麼才是眞的？

想消除反覆出現的恐懼，可以借用美國作家查爾斯．愛森斯坦的做法，而且找個搭檔一起練習效果最佳。

例如，如果你正體驗到「擔心失去工作」的恐懼，請先從練習第六章的「產生集感力狀態」開始，然後睜開眼睛，寫下這個情況的純粹事實，以及對這些事實至少兩種不同的詮釋。

請搭檔問你：「那麼，關於你覺得自己會丟掉工作這件事，什麼才是眞的？」你唸出剛剛寫下的兩種不同的詮釋，來回答這個問題。然後你的搭檔再次問你「什麼才是眞的？」，你也再次回以對事實的兩種不同的詮釋。

像這樣持續一問一答，直到你開始發現自己的大腦可能一直扭曲了事實，所以對可能發生的事情做出了令你不愉快的詮釋。你遲早會發現什麼才是眞的，而眞相大概不會像你原本擔心的那樣令你不愉快。

10 專注的焦點：拉伸時間

幾年前的某一天，我去紐約市上東區拜訪朋友。我離開自己住的公寓去見我的朋友，他在穿過中央公園的城市另一頭的一家咖啡館等我，我們約好十一點整見面。

我出門的時候是十點五十分。你如果熟悉紐約市的上東區，大概知道我不可能來得及準時赴約。我離目的地太遠，無法在十分鐘內趕到，而且我搭的計程車還在一條單行道的中間被一輛消防車擋住，那輛消防車正要慢慢倒退進入一座消防站。

坐在計程車裡時，我進入靜心狀態，集中了我的感知力。我沒讓自己感到焦慮，而是盯著汽車儀表板上的老式鐘面，想像自己在分針來到十一點整時下車。而事情正是這樣發生：我在上午十一點整下了計程車，準時去見我的朋友。

我是怎麼準時到達目的地？正是我在第三章提到的迴圈量子重力理論，幾乎任何事都可能發生。支持該理論的物理學家認爲，人類對時間的感知其實根本不符合物質現實。知名義大利物理學家羅維理在所著的《時間的秩序》中指出，雖然愛因斯坦把時間描述爲一條可拉伸的橡皮筋，會根據一個人的速度或相對接近質量的程度而縮短或延長，科學家卻一直忽視這一事實。

相反地，羅維理相信愛因斯坦所述，並進一步提出這個理論：時間其實是離散的粒子狀事物的複雜集合，而我們透過感知，把過去、現在和未來投射到這些粒子狀的事物上——就像數量無限的四次元方塊，這些方塊代表所有可能在任何時間、任何地點發生的事件。

我最喜歡用迴圈量子重力理論來描述時間。我從很久以前就感覺到：**每時每刻，眞實的宇宙都在每個瞬間發生**。對我來說，不管觀察者效應對人類而言是什麼，它在「組裝現實」中都扮演某種角色：尙未發生的事件是以「潛在可能性」的形式同時存在於多個地點，粒子則是被一種未知之力糾纏——類似羅維理的離散時空粒子。這意味著，就像迴圈量子重力理論一樣，**幾乎任何事都可能發生**，這也是我的個人經驗。這也表示，**我們生活在一個沒有限制的世界**。

◆專注在美好的事，而非恐懼

也許你已經在不知不覺中拉伸了時間。我們目前已經看到一些敘述，提到人們在極度危險的時刻中體驗到時間變慢。但我採訪過的每個人，幾乎都有一些不算危急的個人經歷：時間之所以沒有以正常速度流動，是因爲「影響時間對他們來說很重要」。例如，他們可能需要趕上飛機，跟某個性命垂危的親人見上最後一面，而一切都奇蹟似地很順利，他們在重要時刻順利抵達想去的地方。我自己也有這種經歷：我突然得知母親命不久矣，而我不但順利趕上，而且時間充裕。對我來說，這些例子是我們感知中的「觀察者」這部分拉伸了時間，好讓我們能處理對自己有意義的事。

不久前，阿曼達跟我分享了她拉伸時間的經歷。她經常在兒子們放學後送他們去碼頭參加帆船運動的練習，會開車行經一條繁忙的公路，這條路正在修路，而且有很多紅綠燈。根據她的經驗，到達碼頭至少需要二十到二十五分鐘的時間。

她說：「有趣的是，不管我什麼時候出發，似乎總是能準時抵達，誤差只有一、兩分鐘。這趟路程在那條路開始修路前只需花費十分鐘，我常常會忘記這點，在帆船練習開始前的十分鐘才離開家門。但就算那條路在修路，我還是能準時到達；而就算我提前二十或二十五分鐘出門，我還是會在差不多同一時間抵達那裡。」

她繼續說下去：「我通常不會擔心遲到。我不確定爲什麼，但我就是相信我們會準時抵達，彷彿這是個事實。」

阿曼達還告訴我，她以前的體驗不是這樣。「我以前開車送孩子去幼兒園時，眞的很擔心遲到。我相信自己如果遲到，老師會認爲我是個壞媽媽，而這讓我更擔心遲到，而且說實話，當我那樣想的時候，我也**確實**常常遲到。這感覺就像一個自我延伸的恐懼循環。」

「那跟妳開車送孩子去參加帆船練習時，哪裡不一樣呢？」我問。

她說：「這個嘛，**我開車送孩子去幼兒園時，注意力是集中在自己身上，害怕被批評。我認爲這造成了從自我開始延伸的恐懼循環。可是送孩子去參加帆船練習時，我完全沒想到自己，而是只想到孩子，想著他們多麼熱愛航海和隊友，他們會有多麼美好的經歷。全都是正面的想法。**奇怪的是，我並不擔心遲到，而且不知道爲什麼，我幾乎從沒遲到過，就算我有時候似乎鐵定會遲到。」

阿曼達描述的，是「貝塔波狀態」（與「戰或逃」有關）跟「集感力狀態」（由觀察者掌控）之間的差異。**當她不帶焦慮地將注意力專注於對自己來說最重要的事情時，時間就能依據個人需求伸展和彎曲。**

如果時間就是這樣運作，那麼假如我們能在需要時爲自己放慢時間，會怎麼樣呢？如果眞的可以，又該怎麼做？關鍵在於腦波狀態。當我們因爲必須準時抵達某處而感到焦慮時，恐懼狀態（不同於「危險」）會引發貝塔波那種吵雜不休的猴子腦。如果避開這個陷阱，讓自己回到集感力的靜心狀態，包括阿爾法波和希塔波，或許就能在任何時間環境下取得非凡的成果。

專注美好的練習：拉伸時間

在第五章時，你可能已經嘗試了班托夫博士的實驗：透過改變腦波狀態來停止時鐘的秒針。你可以把相同技巧套用在任何決定你會不會遲到的時鐘上。例如，若你被困在塞車的車潮當中，並且汽車儀表板上有時鐘，請把注意力集中在時鐘上（請注意，數字時鐘在這方面的效果遠遜於有秒針的時鐘，但在緊要關頭也能湊合著使用）。

注意：如果開車的人不是你，這個技巧的效果會最好；如果開車的人是你，請見後面的高階技巧。

首先，心不在焉地輕輕望向時鐘，注意時鐘的指針運動或數字變化的單調節奏。刻意把視線拉回來，直接凝視整個鐘面，並來回不斷地把視線從時鐘移向馬路或其他地方，然後再回到鐘面上。

開始生動地想像「**我準時抵達目的地**」，就像在腦海中播放一部電影。前往目的地的路上，持續在腦海中播放這部「**我準時抵達目的地**」的電影，並不時地把視線從時鐘轉移到道路或周圍環境上。

高階技巧：準時抵達（開車的時候）

如果你正在開車，而且必須準時到達某個地方，請留意道路，並想著「準時抵達」會給你或他人帶來的好處。

想著你「準時抵達」好讓所有相關人士受益的正面願望。然後，放下這個願望。在腦海中製作一部「**我準時到達目的地**」的電影，觀看這麼做的所有正面結果。提醒自己，**我有足夠時間前往自己需要去的地方**。想像時間在你周圍拉伸、移動，爲你的旅程騰出所需的空間。繼續在腦海中回放「準時抵達」的電影，直到抵達目的地。

11 想法：在需要時獲得洞察力

大多數人把演化論歸功於達爾文在一八四〇年左右的發現。但你知不知道，華萊士也獨立發展出同樣的理論？

諸多發明家和科學家獨立提出相同想法，這種案例不勝枚舉。瑞典化學家舍勒和英國化學家普里斯特利，各自在十八世紀的一七七四年左右發現氧氣。赫斯、邁爾與焦耳等人，亦在十九世紀分別提出熱力學第一定律。而宇宙大爆炸理論（膨脹的宇宙正在遠離初始位置），是由弗里德曼和勒梅特分別提出。

你只要花一點時間搜索「多重發現」這個關鍵字，就會看到世界各地在不同的時間點出現多少重大突破，而且那些發現者彼此之間沒有任何關聯。這些突破眞的純屬巧合嗎？還是我們擁有某種每個人都能存取的「集體記憶」？

你隨時都能接收並產生新想法

「多重獨立發現」現象是一門科學研究主題，研究生物如何學習，如何將學到的東西傳遞給彼此和後代，而彼此之間毋須直接互動。

在一九二〇年的一項實驗中，哈佛大學的一名研究人員使用「水迷宮」（目標物藏在一池水底下），對二十二個世代的老鼠進行實驗。他觀察到，「與經歷過迷宮的老鼠有親屬關係」的老鼠，就算其中一些被認爲學習能力緩慢，牠們破解迷宮的速度，幾乎是「其親屬沒有經歷過迷宮」的老鼠的十倍之快。

這項實驗後來在蘇格蘭和澳洲被成功複製。研究表明，從螞蟻的足跡到魚群的協調移動，「生物系統」可能具備自我組織的性質，意思是能在沒有外部組織者幫助的情況下，以「非隨機」方式自發地自我排列。雖然這個研究領域仍然面臨許多開放式問題——例如這些複雜系統如何建構自數百萬個參與者的同步行爲——但一些相關理論已經存在。

除了「還原論」和「突現論」這類一般物理學解釋外，魯珀特．謝德雷克提出的「形態共振」理論指出，「自我組織系統」是由一套系統之中，每個對此系統做出貢獻的參與者所擁有的集體記憶產生的。他的研究指出：當一個行爲被重複得夠多次，就會形成他所謂的「形態形成場」，通過時空產生「形態共振」。謝德雷克認爲，具有這種能力的系統包括分子、晶體、細胞、植物、動物和動物社會。儘管被批評者譴責缺乏足夠證據，謝德雷克的觀點確實不容忽視。謝德雷克曾在劍橋大學接受科學訓練，後來獲得英國皇家學會的獎學金，他的理論是基於以下觀點：「記憶」其實傳承於自然界，而且其他科學分支也出現這種現象。

例如，生物學和量子科學領域對以下這個問題的看法傾向於一致：候鳥遷徙之類的生物系統同步行爲，可能與量子原理有關。有些學者正在研究，纏結和疊加之類的量子過程，可能如何支配自然界中的行爲。而且越來越多學者懷疑，量子力學也存在於人類大腦的處理過程。如果是這樣，那麼無數個不同的模式就可能同時存在。在這無數個模式中，也許在屬於人類的某種「觀察者效應」的組裝下，從中脫穎而出的某一個模式，被當事人視爲有意識的思想。

依據這項理論，大腦的物質體積不一定決定思想的品質，甚至不一定決定一個人是否在思考。謝德雷克還推測，人類大腦可能處理一種不依賴於物質大腦的力場，而是表現得就像某種**天線**。這項理論的依據是，有些人在出生時，大腦只有正常大腦的四分之一大，有些人則是接受過切除部分大腦的手術，而在這類案例中，很多人雖然大腦質量很小，卻能以正常智商過著正常生活——這再次表明意識可能是量子層面，是來自大腦之外的；這也意味著一個人的所思所想可能存在於物質世界之外的某處，而且不只存在於生物學的有機體中。

如果我們的大腦是從「量子場」中產生能量模式，並充當天線來接收周圍的「思想場」，那麼我們隨時可能產生任何想法。我就是以這種方法來撰寫這本書中的題材。開始探索人生中不尋常經歷的可能解釋時，我深入研究了一些領域，包括物理學、量子物理學、生物學和大腦科學，每一門的知識都博大精深，我亦沒有在所有領域都受過正式學術訓練，但我想像自己已經熟悉這些領域。我那些開放式問題的答案，似乎會在自己沒預料到的時候自發地出現在我面前。在某種意義上，這本書探討了我這個非本科生尚未探索的科學概念。當然，我也做足該做的調查：本書中的素材，都經過主流科學家的審查，並被視爲科學嚴謹。

當我們進入集感力狀態時，會產生希塔之類的腦波，希塔波通常與海馬體相關，也就是大腦中與記憶有關的部位。或許這種狀態也增加了我們存取集體記憶的能力。

當你覺得自己陷入困境或在浪費時間，而且亟需洞察力時，請試試以下簡單但強大的練習。我因爲某種想法或感覺而覺得動彈不得，無法集中精神或採取我想採取的行動時，就會使用這項練習。我知道那些令人動彈不得的想法和感覺不僅影響了我對時間的體驗，也導致時間的浪費。在我回到集感力狀態之前，時間不是我的盟友，而是我的敵人。

接收想法的練習：在需要時獲得洞察力

舒適地坐在不受干擾，而且沒有時間壓力的地方。能獨處最好，如果不是也沒關係。最好閉上眼睛，能在黑暗中更好。這些都不是必需的，只是幫助優化你大腦的接收能力。

請運用第六章的「產生集感力狀態」練習來進入靜心狀態。然後自問：**我自己對此了解多少？**在這個問題後面加入你想了解的主題，例如，**我自己對以下問題了解多少：我爲什麼遲遲不打電話給我的兄弟（或預約醫生，或要求老闆加薪）？**

安靜地坐著，想坐多久就坐多久。不要擔心無法立即得到答案，雖然某個答案總是會突然跳進你的腦海。某個念頭、想法、形影或答案出現在你面前時，記住它是什麼，例如，**我怕我兄弟會責備我。**

重複一開始那個問題，這一次在同一個問題中插入剛才的答案：**我自己對「爲什麼害怕我兄弟會責備我」這件事了解多少？**繼續等待新的想法或答案，然後在同一個問題中再次插入該想法或答案。

重複這一系列問答，直到你覺得自己擁有的情報比一開始更多。

12 心靈感應：迅速連結他人

哈佛醫學院、法國醫療機器人公司 Axilum Robotics 和西班牙巴塞隆那的 Starlab 研究公司共同進行的一項實驗中，在印度的某人只透過「腦對腦」的交流，就成功地把「hola」和「ciao」這兩個字傳送給在法國的另外三個人。

「腦對腦交流」是指，這些話語並沒有被說出來、傳簡訊或打字，而只發生在參與研究的某個人的大腦中。這是已知存在最早經過驗證的腦對腦交流實例之一，研究人員希望這能激發進一步的研究，有朝一日爲無法說話的人提供新的交流形式。

這是不是表示眞有「心靈感應」這回事？

許多研究計畫表明確實有可能發生。

不只像測謊機一樣感知他人想法

在華盛頓大學進行的一項此類實驗，是把研究人員的大腦訊號發送到校園的另一邊，促使另一名研究人員的手指在鍵盤上移動。這被描述成「第一個人類腦對腦介面」，研究人員把自己接上一臺記錄大腦電活動的腦電圖機器。他們戴上裝有電極的帽子，其中一名研究人員把帽子戴在控制手部運動的大腦部位上方。兩個跨越校園的實驗室在協同工作時，彼此之間沒有進行任何溝通。然後，其中一名研究人員玩了一個「想像中」的電子遊戲，他想像自己移動右手，按下空格鍵來「發射」一門大砲（但他實際上並沒有移動自己的手）。就在這時候，校園另一頭的另一名研究員的右手食指不自主地移動了。儘管這個實驗僅觀測到單向交流，但研究人員正在尋找方法來展示兩個大腦之間的雙向對話。

腦對腦交流似乎並不局限於人類。一九六〇年代，克里夫・巴克斯特爲美國中央情報局發明了第一部測謊機，他被認爲是「審訊」這門藝術的先鋒。測謊機的原理是測量皮膚的電反應，也就是透過稱作「電流計」的工具測量情緒壓力導致的皮膚電阻變化。在巴克斯特的職涯後期，他的興趣從測試人類轉移到測試動植物，起因幾乎算是偶然：他某天決定把他的室內植物接上測謊設備。他發現，植物和其他生物體可能可以偵測並響應人類的思想和情感，就算跟人類之間沒有任何實際接觸。這項研究後來在彼得・湯京士和克里斯多夫・柏德於一九七三年出版的《植物的祕密生命》一書中，獲得進一步的探索。

對這些現象的量子解釋，可能再一次存在於量子力學和生物學的交叉點。正如我在第一部說明的，雖然沒有人在我們的宏觀世界中目睹過量子過程，但科學家越來越好奇量子世界的影響有多深遠，而且是否能明顯影響生物。

最近，研究人員報告了生物物質（以細菌的形式）與能量粒子（以光子的形式）的成功纏結，提供了更多的證據表明：量子理論從理論轉變到實際，可能不是「會不會發生」，而是「什麼時候發生」。儘管如此，其他研究正在嘗試展示一個存在於非動物（也就是非大腦）的宏觀粒子的量子纏結。最經典的例子是一九六〇年代的貝爾測試，幾十年來一直被引述爲「證實了量子纏結發生於物質事物」。最近，研究人員決定找來一百名志願者重新進行貝爾測試。這些志願者戴著讀取大腦活動的耳機，被指示試著影響一百公里外的一臺隨機數產生器出現的數字。雖然結果尚無定論，但如果哪天眞有定論，可能在很大程度上能證明粒子在宏觀世界中表現出有意義的量子行爲。無論如何，這種可能性都突顯了，量子理論如何以非傳統的方式迫使我們思考世界是如何運作。

對別人發送你的想法，影響他人

從腦科學的角度來看，研究人員認爲，一個人在我們面前時，我們的大腦可能天生就能感知到這個人的意圖和情緒。但想跨越任何距離來連接，無論接線的機制是什麼，都必須做到「**調頻**」：允許一個人能調整至跟另一個人相同的「頻率」。研究人員認爲，大腦的「邊緣系統」可能就是這種線路的一部分。邊緣系統處理記憶和情緒，方式是調節因情緒刺激而釋放的化學物質。與邊緣系統有關的腦波頻率是希塔波，這項發現很合理，因爲希塔波與直覺和意識狀態的改變有關。

我經常在工作日向別人發送我的想法。不久前，我需要向一個名叫瑞奇的朋友詢問緊急的財務問題，他是個會計專家。但我沒立刻打電話給他，而是坐在辦公桌前，用集感力讓自己放鬆，然後想像住在紐約的瑞奇，彷彿他就在我面前。我專注地在心裡發送「打電話給我」這幾個字，彷彿我就當著他的面說話。我的經驗是，發送一句簡單的話或一個簡單的圖像，這麼做效果最好。

截止時間快到時，我打了電話給他——只響了一聲就被他接聽。我說了「你好」後，他立刻口氣驚訝地說：「我剛剛正想打電話給妳！」

我甚至和一些朋友輪流收發訊息，他們知道我在發送訊息給他們，但不知道訊息是什麼內容。

請試著在人們和寵物身上試試這招——你可能會驚訝地發現，你和朋友之間的心靈連結多強。

心靈感應練習：迅速連結他人

你首先要做的，是使用第六章的「產生集感力狀態」練習，來讓自己安靜下來，進入靜心狀態。

在腦海中想像一個生動的場景，想著你在發送訊息後想體驗到什麼，像是接聽電話、聽到你試圖聯繫的那人的聲音，或是查看電子信箱，看到你等候許久的郵件就在裡頭，尚未被閱讀。

在腦海中看到你希望接收你訊息的那個人。如果你離那個人很遠，可以在開始想像對方之前，先看一下那個人的照片，這可能會有幫助。

回想你跟那人面對面交流時的感受。感受這些情緒，彷彿那個人真的在你面前。專注於這些感受，並相信你正在跟對方建立聯繫。

專注於你想聽到或讀到的單個圖像或單詞。詳細地把它視覺化，並完全把注意力集中在上面。專注於它的模樣、它的觸感、它帶給你什麼感覺。

形成了清晰的心理圖像後，把你的訊息傳遞給對方，方法是想像這個單詞或物體從你的腦海進入接收者的腦海。想像你與接收者面對面，然後對他說出「貓」這個字，或是任何你正在發送的想法。在腦海中，看到對方臉上的領悟神情，因爲他明白你在跟他說什麼。

接下來，意識到你希望發生的事已經徹底發生了。你感受到「已經不再需要做什麼」的解脫感，你想達成的已經徹底完成了。讓這種感覺包圍你全身，就像潛入一個巨大的湖中，越來越深。

完成後，驟然中斷，睜開眼睛。如此一來，你就會退出靜心狀態，不再於腦海中想著生動的場景，你的腦波這時轉變成貝塔波。

超視力：立即確認重要的事

我在佛羅里達生活時，曾多次因颶風而被迫疏散。其中一場颶風被預測會直接影響我的社區，而我的房子就位於嚴重的洪水區。我們被強制撤離，我沒有足夠的時間收拾所有的私人物品。

撤離過程中，我用想像力這個工具來「看到」家中一切安全又乾燥（請見第七章）。我沒看新聞上的恐怖圖像，而只是專心想像「**我的房屋完好無損**」的畫面。我還使用「遙視」來查看我的房子，好「看到」內部是否未受影響。

可以安全返家時，我回到家，眞的走進一棟乾燥又無損的房子。鄰近諸多房屋慘遭淹水，但不知道爲什麼，我的房子逃過一劫。唯一明顯的損壞是海水淹沒了院子，直達房子外牆，但沒滲進屋內。

不管我那樣「看到」房子完好無損只是安慰了我，還是有更大的作用，我這種經歷其實不算反常，也不算新鮮。

遙視你想知道的一切

很多人都有這種經歷：突然在腦海中看到一個需要幫助的朋友，或是不知何故提前知道一場巧遇會發生。事實上，數千年來的人類都有描述這種體驗，通常被稱為「第二視覺」「超感視覺」或「遙視」。

遙視是指人類能看到遠離自己視線、不可能看到的物體和地點。根據史丹佛國際研究所（SRI）研究人員的說法，遙視眞的存在。

據報導，在一九七〇年代中期，美國中情局聘請了SRI研究員羅素．塔格來協助開發「能遠程查看目標」（例如人和地點）的能力。他們在大約十年間培訓了一群遙視者，想知道這些人能否遠程查看重要的人士和地點。

在其中一個案例，他們要遙視者凱斯‧「布魯」‧哈拉里在伊朗人質危機期間向SRI報告。他在進行遙視時，似乎認出了被伊朗武裝分子劫持的人質理查‧奎恩。進行遠程觀察時，哈拉里看到奎恩因多發性硬化症而病況嚴重。伊朗人後來釋放奎恩（顯然因爲不希望他在他們拘留期間死亡），一個美國醫療小組證實了哈拉里所說的奎恩健康狀況不佳的消息。後來，據說奎恩在聽取匯報時火冒三丈，因爲他認定另一個伊朗人質一定是爲美國人工作，否則美國怎會知道他的病情？

我們能否存取超出感官意識的訊息？這個問題依然沒有明確的答案，不過非超自然的領域，例如物理學，或許可以解釋。愛因斯坦生動地把量子纏結現象描述成「鬼魅似的遠距作用」，指的是那些似乎會瞬間相互影響的粒子纏結著彼此，就算相距很遠。這種「大腦外意識」的想法表明，人類思維能以某種方式在古典物理定律之外運作，也可能受制於量子物理定律。雖然愛因斯坦生前沒把「鬼魅似的遠距作用」當一回事，但當今的物理學家已經觀察到，物體會受到相隔甚遠的力量影響。粒子相距多遠還能互相纏結？沒人知道答案，而最近的觀察結果是，這距離是從地球到太空中的衛星那樣遙遠。科學家觀察到的數十萬次遙視實驗，能否成爲量子纏結的證據？從這個有趣的想法中誕生了稱爲「量子意識」的研究領域，研究遙視、接收想法（第十一章）和發送想法（第十二章）等現象能否用量子理論來解釋。隨著更多研究的開展，我們或許會發現過去認爲超然的體驗確實存在，而且可用科學來解釋。

如果把我們迄今爲止學到的所有知識匯集在一起，以下是遙視的可能解釋。如果量子纏結是可能的，那麼你潛意識的某些層面，可能已經知道你想遙視的東西（目標）的情報。來自你潛意識的情報，也許能被你的意識解讀。

透過練習集感力以及產生希塔波（與直覺和意識狀態改變相關），你可能創造出一種方式，能把一筆知識傳達給你的意識。但一般來說，這完全不像在你眼前獲得清晰的圖像那樣；相反地，人們的報告指出，遙視是透過微妙的感覺和感受來產生的，然後當事人對其進行解釋。

順道一提，你不必成爲間諜，也可能以正面又有意義的方式使用遙視能力。我的朋友卡莉，就是用這種方法幫人們尋找失蹤的寵物。我需要尋找丟失的鑰匙或眼鏡時，也經常使用這個辦法。當然，任何工具都可以被善用，也可以被濫用。話雖如此，現在很多人相信任何人都能透過遙視來取得驚人成果。請試試以下練習，親自體驗。

超視力練習：立即確認重要的事

爲了準備以下練習，請一個助手或朋友選擇五到七張圖片，從雜誌上剪下來，或從網路下載。這些圖片必須是你知道的眞實世界地標，例如法國艾菲爾鐵塔、美國大峽谷或世界某個大城市。這些將是你的「目標」。請他們把圖片正面朝下，疊放在密封的盒子或信封裡。

你可以開始的時候，在手邊準備一張白紙和一枝筆或鉛筆，以待稍後寫下你的印象。然後使用第六章的「產生集感力狀態」練習，來盡可能讓身體放鬆。

開始想像在你家中或周遭另外某個地點會有什麼感覺，例如，若你現在在室內，請想像你在室外；如果你現在在客廳，請想像你在臥室裡。越放鬆，就越能專注於「自己身處另一個地方」的感覺。

接下來，想像你就在那個放著圖片的盒子或信封裡，正在低頭看著那疊圖片。在腦中你的心智把第一張圖片翻過來，只接收圖片給你的大略印象。試著注意目標中最讓你印象深刻的圖像：它是天然的還是人造的？它在陸地上還是在水中？寫下你看到的第一件事。

畫出目標的草圖。花時間仔細觀察你看到的東西的顏色和形狀。

接下來，想像你飄浮在目標上方幾尺處。在紙上寫下你下方的目標給你的印象。寫下你看到的一切的大略樣貌，來完成第一個目標的練習。盡可能詳細寫下進入你腦海的任何訊息，而且不要做出任何評判。請務必描述你接收到的感官訊息，例如氣味、顏色、味道或溫度。你可能會看到模糊的形狀和紋路，這些被稱作「維度」。觀察自己是否對目標產生情緒反應。

從堆疊的圖片中拿起第一張，跟你的印象進行比較。

準備好後，對這疊圖片的每一張重複這些步驟。

完成後，如果你沒有跟圖片中的任何內容產生聯繫，也不要感到失望。遙視的目的之一，是了解你自己和圖片上的東西。遙視這種能力，可以隨著時間的推移來成功培養，你能應用在對你最重要的事情上。

愛：駕馭看不見的愛的引力

某天晚上，一個女人和她丈夫在皮卡貨車上等紅綠燈，兩人剛吃完晚飯，正在回家的路上。一輛雪佛蘭科邁羅突然來到他們前方，他們驚恐地看到這輛科邁羅撞到一名自行車騎士，而且仍未停下來。這輛超速的汽車又行駛了大約十公尺才停下，自行車騎士還被卡在車底下。

丈夫下了卡車，把科邁羅的前端從騎士身上稍微擡起來，讓肇事司機能把受重傷的騎士拉出來。這個丈夫雖然是經驗豐富的舉重運動員，但至今還是無法解釋自己在那一刻是如何做到的。

他說：「現在的我不可能舉得動那輛車。」「硬舉」的世界紀錄約爲一千一百磅

（約五百公斤），科邁羅重達三千磅（約一千三百六十公斤），這個男人卻瞬間召喚了某種能力，從一個陌生人身上把三千磅的汽車舉起其中大約一千五百磅的重量，以挽救這個人的生命。在極端危險的一刻，他自發地展現出不可思議的力氣，完成此一壯舉。研究人員將這些案例稱作「歇斯底里」或「超人類」，認爲原因應該是身體在面對生死關頭時釋放的腎上腺素。但根據生物力學研究，腎上腺素不足以把一個凡人變成超人。

另一種理論是，當我們爲別人挺身而出時，比如那個丈夫覺得迫切需要拯救騎士的生命，我們也許能超越平時會阻止自己做出這種英勇行爲的恐懼和身體不適。

愛的引力看不見，卻眞實存在

二〇一四年，馬拉松選手梅伯·柯菲斯基贏得波士頓馬拉松冠軍。

他將這次的意外勝利歸因於，他強烈渴望紀念一年前在同一場馬拉松比賽中遭受恐怖攻擊的受害者。

事實上，一項針對各行業數十萬勞工的研究發現，當參與者的工作會對他人產生正面影響時，他們的積極程度和工作績效都會提高，進而產生自我超越感。這些人，以及其他經歷過這種自我超越感的人，集感力可能呈現靜心的腦波狀態，例如希塔波或伽瑪波。

對馬拉松運動員梅伯・柯菲斯基來說，「紀念受害者」的強烈渴望使得他在比賽中跑得比其他人都快。**一個人如果覺得自己的工作會對他人產生正面影響，就會浪費更少時間，而有著更高效的表現。**但這就是全部嗎？

一位著名的科學人物相信不只如此。二十世紀的未來學家理查・巴克敏斯特・富勒曾說：「愛是形而上的重力。」據說，他是在尋找宇宙法則的過程中形成這種信念。

對他來說，想成功辨識出宇宙法則中的基本原理，物理定律和自然定律就必須基於一個普遍適用的過程——一個萬物論。對富勒而言，以想法、感覺、夢想和情感的形式持續流過我們大腦中的能量，跟電磁學有著驚人的相似之處；**「愛」則是與凝聚全宇宙的「重力」有著驚人的相似之處。**

一種新的理論支持富勒的觀點，該理論認爲，在我們的大腦中產生思想、感覺和欲望的東西——意識——是基於量子理論。這個理論稱作「量子認知」，結合了神經科學與心理學，認爲意識不是電腦，而是一種基於量子的宇宙。既然基於量子，這個宇宙允許量子力學中常見的模稜兩可和悖論，包括波粒二象性和量子疊加。如此一來，我們可以在大腦中保存著彼此競爭的想法、感覺和情緒，直到在某種量子過程下，像薛丁格的貓一樣獲得解決。這是富勒理論的其中一半。

至於他的另外半個理論「愛是重力」，就連物理學家也注意到它與纏結的次原子粒子有著驚人的相似之處。**愛是神祕的，會以我們無法理解的方式把人們聯繫在一起。而且愛很像量子纏結，粒子之間可以緊密相連，即使相隔甚遠。**最近，學者們研究了纏結有沒有可能是重力與量子世界之間的聯繫。

這當然並不是說「愛其實就是量子重力」。話雖如此，很多人都經歷過跟我們在乎的人有關的離奇事件，包括我自己在內。

以強烈的愛改變他人的時間軸

二〇〇八年全球經濟大蕭條剛發生不久，我很在乎的一位朋友必須拿他在曼哈頓的家重新申請貸款。他當時亟需減少貸款償還金額，而由於股市崩盤，他繳的固定利率遠高於當前的利率。

當時，我每天都為這個朋友想像同樣的畫面：我和他一起坐在會議桌旁，我把我的萬寶龍鋼筆遞給他，讓他在新貸款上簽字。我當時盡力試著幫他找到任何一個願意承擔他數百萬美元貸款的貸方，在那一年內天天想像這個場景會發生，而且發自內心地為他許下這個心願。

後來，在二〇一〇年，我巧遇一個認識多年的人，因此遇到一個貸方，那人願意在其他人都拒絕的情況下放貸。二〇一一年四月，我坐在想像成真的會議桌前，把筆遞給了朋友。貸方接著問道：「這筆貸款怎麼會成眞？」我望向坐在桌子對面的貸方，說聲「我也不知道」，轉頭朝我朋友微笑。

我知道自己**想「幫助他人」的強烈願望促成了非凡的結果**——這個結果原本會花費更久的時間，或根本不會發生。在某種意義上，**我的強烈感情改變了我朋友的時間軸**。

有許多書籍探討人們所謂的「顯化」。但我發現，**「顯化」現實最有力的方式，是出於眞實的感情或愛而爲他人渴求某樣東西**。爲什麼這是最有力的方式？因爲爲別人渴求某樣東西，這麼做產生的是「感受」而非「想法」。我們爲別人強烈渴求某樣東西時，「可能會變成恐懼的想法」就不太可能出現。我們不怕那個人得不到他想要的，因爲這件事跟我們沒有太大的關係。

這就是爲什麼**爲另一個人做出的渴求，無論出自感情還是愛，對「創造我們希望發生的事情」有很大的作用——無論是小事還是大事**（渴望你的孩子能準時參加帆船練習，或渴望朋友申請到數百萬美元的貸款）。這種體驗是集感力的狀態，自我超越的感受占據心靈，大腦充滿希塔波、戴爾塔波和伽瑪波之類的腦波。如果愛可能存在於宇宙法則，那麼當你感受到強烈的愛時，你可能會產生一種自我超越的腦波狀態，這種狀態其實會影響你的物質世界——如果現實確實是一部分物理、一部分感知。

想從感情或愛的狀態中創造些什麼，可以使用「提前體驗你的未來」（見第七章）的練習，在你主演的電影中看到你希望在某一天發生的每一個體驗。而就跟你腦海中的任何一部電影一樣，關鍵是不要對它耿耿於懷；看到它，然後立刻放手。爲什麼？你如果對它耿耿於懷，大腦就會開始產生充滿恐懼的想法，進而破壞你的感受可能正在創造的集感力狀態。

不然你也可以試試以下練習：「駕馭看不見的愛的引力」。這個做法已經在世界各地的主要靈性文化中實踐了數百、數千年，例如猶太教（卡巴拉）、基督教（聖女大德蘭之類的神祕主義者）、古埃及和印度。

愛的練習：駕馭看不見的愛的引力

使用第六章的「產生集感力狀態」練習，來盡可能讓身體放鬆。然後，把意識集中在心臟中心，你的胸口中央，把注意力維持在這一處。

開始想像心臟在胸腔裡輸送血液的模樣。繼續集中精神，直到你能直接看到、察覺到或感覺到你的心臟就在你面前。

在腦海中來到心臟後部，好讓你看到心臟後部就在你面前。在心臟上尋找一個足以讓你進入的褶皺或裂縫，感覺自己持續接近你可能進入其中的那一處。接下來，以最舒服的方式進入褶皺處。

感覺自己墜落，直到突然停下來，站在心臟深處一個狹小隱密的空間裡。如果你希望這裡有光線，就看見光線。轉移你的注意力，感知周圍正在發生的事情、動作和聲音。

開始回憶愛或感激的感覺，並透過想像你愛的人（例如配偶、家人或寵物）來表達這些感覺。

想想你希望發生在你愛的人身上的事，例如獲得他們想要的工作、從疾病中康復，或找到人生伴侶。

把注意力集中於胸腔的心臟中心，俯視該區域，眼睛依然閉著。準備好的時候，慢慢睜開眼睛。

死亡：永遠不缺時間

我的母親是個擁有科學頭腦的經濟學家兼心理治療師，她對「靈性」之類的看法通常不像我那樣抱持開放態度。

幾年前，她罹患癌症、來日無多時，我們更常談論死亡可能究竟是什麼。我告訴她，我相信死亡就像靈魂出竅，你擺脫了身體，但你仍知道你就是你。我告訴她，她死後可能還在同一個房間裡，甚至能操控電力——她到時候如果願意，可以上演一場好戲。母親不同意我的說法。最後，我只是告訴她：「如果我說的不是事實，也別擔心；但如果我說的可能是事實，妳可以稍微考慮一下嗎？」

某天早上，我母親在自己家中去世了，在場的有我哥（他是個醫生）、他的妻子、我姊，還有我。後來，我們離開臥室，回到客廳。而我們剛離開臥室時，母親床邊的收音機突然被開到最大音量。

我哥說：「我已經在這裡好幾天了，那臺收音機一次都沒開過。」他太太補充道：「電視機剛剛重新開機，彷彿被人打開似的。」

第二天早上，我母親的醫療求救項鏈向通報中心發出了警報，彷彿被人按下。可是她的遺體被運走後，那條求救項鏈明明被留在她床邊，在她上了鎖的屋裡。

我忍不住發笑。我母親可能眞的給我們看了一場好戲。

死亡可能不是生命的終結

科學尚未明確證實，驅動人類大腦的某種東西在死後仍然存在，但根據研究，四・二%的美國人經歷過瀕死體驗。這意味著，大約一千五百萬人可能有過類似死後「意識清醒」的經歷。實際數字可能高得多，因爲大多數人，包括我自己，不會立即分享這類經歷，常常要等個幾年後才會揭示自己的故事。很多人應該至少聽說過人們感受到剛死去的人的存在，或是親自有過這類感受。

雖然一般認爲這類非凡經歷是哀悼的過程之一，但眞相可能不只如此。死亡通常被定義爲「重要的身體功能不可逆轉地停止」，包括由心臟、呼吸系統和大腦執行的功能。但最近有些研究人員質疑這項定義，方法是在幾頭豬死亡幾小時後復甦了牠們的腦部。研究人員使用一種模擬血液流動的溶液，爲大腦注入氧氣和養分，結果發現，雖然這些大腦早已死亡，而且已從豬的體內取出，但腦細胞還是恢復了正常功能，讓神經元能夠攜帶電信號。

與死亡體驗密切相關的是「靈魂出竅」（或稱「出體經驗」）。雖然研究人員向來避開可能被視爲「邊緣科學」的東西，但是靈魂出竅現象最近引起重大關注。事實上，調查報告指出，大約百分之十的受訪者在被問及時表示，他們至少有過一次靈魂出竅。

但要證明靈魂出竅是眞實的（也就是可測量的），就必須有人在實驗室環境經歷靈魂出竅。而這件事在最近成眞：加拿大渥太華大學的研究人員，研究了一個接上大腦成像設備的受測者的大腦，而這個受測者正在經歷「靈魂出竅」。這個人聲稱自己從小就有這種能力。經歷靈魂出竅的受測者的大腦被監測時，研究人員看到腦部一個疑似負責「自我意識」區域的活動。大腦的這個部分稱作顳頂交界點，負責收集和處理來自外部感官以及身體內部的訊息。

雖然大腦異常者靈魂出竅的感覺有被充分記錄，但是健康者的沒有。相關研究仍在繼續，倫敦大學學院研究人員也發表一篇論文，聲稱能在實驗室環境誘發這種特殊經驗。

不管靈魂出竅是如何被觸發，解釋該體驗的科學主要圍繞著以下的觀點：大腦其實只是被某種方式欺騙，觸發了其自我意識。但與這種理論相違背的是，有些人在臨床死亡後知道自己還在同一個房間裡，而且能說出只有在現場才看得到的諸多細節。這類被稱作「眞實知覺」的報告仍然充滿爭議，因爲數據稀少，事件難以複製，而且所謂的證據只有「軼事觀察」。然而，有個經過驗證的著名案例，當事人是名叫潘姆·

雷諾茲的腦外科患者。爲了切除腫瘤而接受侵入性腦部手術後，雷諾茲能描述她的手術過程，但她明明應該一無所知，因爲她當時在臨床上已經死亡，後來又甦醒。雷諾茲在臨床死亡後如何保持自我意識（這通常與大腦功能相關），至今依然是個謎。

關於雷諾茲，以及數百萬人聲稱自己在死後體驗到意識或靈魂出竅，一種解釋可能是量子纏結和所謂的「大腦外意識」。大腦外意識理論表示，人類意識不局限於特定的物理位置，例如大腦、身體和某個時刻。如今已被證明存在於生物學的量子纏結，被認爲是大腦外意識背後的機制。

如果意識不是物質大腦的產物，而是由於其他一些現象（像是量子纏結），也許這就是爲什麼意識能存在於身體之外，甚至在身體死亡後。

減少對死亡的恐懼

如果能隨時靈魂出竅，我們會想這麼做嗎？

根據門羅研究所的威廉·布爾曼的說法，出體探索的好處遠遠超出我們身體感官和智力的限制。很多人在經歷了靈魂出竅後，報告說他們的內在意識到自己的靈性身分，他們的自我概念有所改變。他們認爲自己不僅是物質，而是更有意識、更充滿生命力。

過去幾十年中，世界各地報導的靈魂出竅的其他好處包括：對現實有了更高度的意識、當事人親自驗證了自己的不朽、個人發展加速、減少對死亡的恐懼、心理能力提升、自然療癒、認識與體驗前世的影響、智力提升、記憶力提升，以及改善了想像力。

儘管許多人報告說靈魂出竅產生了持久的正面影響，但有此體驗的人很少談及此事。例如，艾琳娜如此描述自己行駛於德國高速公路時發生的體驗，她認爲那是靈魂出竅：

我當時十八歲，住在德國，剛拿到駕照。某天晚上，我決定第三次開上德國高速公路。德國高速公路由三條車道組成：右邊是慢車道，中間是一般速度，左邊的是快車道。我對自己的駕駛技術還不是很有自信，所以我選了最慢的車道。

突然間，我看到前面的車撞到另一輛車。我很震驚，因爲我覺得自己應該來不及減速、避免撞上。我得變換車道。但我往左看時，意識到另一輛車在中間車道上朝我逼近。我沒辦法脫離目前的車道，也沒辦法及時停車。我心想，無論如何都一定會撞車。

幾秒後，我感受到一種奇怪的感覺，好像被催眠一樣。我感覺眼睛不再睜著，而是閉上了，而且腦袋裡開始旋轉。然後我什麼感覺也沒有，彷彿在無人地帶，時間也暫停了。又過了幾秒，我睜開眼睛以便再次視物，看到自己行駛在最左邊的車道上——跟我剛剛所在位置隔了一條車道。

我不可能是靠自己開來這裡，因爲這麼做就會撞到另一輛車。我不記得自己有穿過中間車道來到這裡。我不禁心想：「這怎麼可能？這是怎麼發生的？」這簡直就像，我在開車時，我的車被空運到最左邊的車道上。

但不知道爲什麼，我在那個過程中並不感到害怕。相反地，我感覺時間變慢了。在事情發生的那瞬間，我在慢動作中評估了現有的兩個選擇，要麼撞上前面的車，要麼撞上旁邊的車。接著，我因爲身處無人之境而看不見發生什麼事的時候，那一刻感覺就像時間暫停。我覺得已經離開了自己的身體，沒有在場經歷發生過的事。時間恢復正常後，我才震驚地感覺到自己還活著，毫髮無傷，正在開車，而且前方沒有車輛。

雖然這件事沒有合理的解釋，但它的發生給了我一種深刻的喜悅和幸福的解脫感。這種感覺就像跟一種更高的力量產生連結。這種被看顧和保護的感覺未曾離開我，就算我直到今天都無法解釋那天究竟是怎麼回事。

還有一點：我在事發後沒立刻將此事告訴別人，是因爲我不知道該說什麼，也因爲我當時滿年輕的，覺得人們不會相信我，不然就是會嘲笑我。

艾琳娜當時顯然正在經歷一種由重大危險帶來的集感力狀態。就像處於心流狀態的運動員，以及「在生死關頭覺得時間變慢」這種常見經歷一樣，大腦可能會自發地產生多重腦波狀態，例如貝塔波（警覺）、阿爾法波（精神放鬆）、希塔波（正念），以及伽瑪波（顛峰集中力），以便應付特殊情況。靈魂出竅很獨特，是因爲正如艾琳娜所經歷的那樣，這種體驗結合了時間的拉伸和彎曲，也讓人驗證了自己的不朽，以及減少對死亡的恐懼。

如有興趣，你可以運用以下練習，來看看是否能脫離自己的身體。如果意識不局限於身體，而是在某種程度上處於物質世界之外，沒有身體也能存在，那麼意識可能會在我們的身體死亡後繼續存在。**死亡可能不是生命的終結，時間的局限性可能比我們想像的更低。**

靈魂出竅練習：永遠不缺時間

爲了做好準備，請計畫好在晚上開始。成功的靈魂出竅與睡眠週期有關。當你的身體睡著，而你的思想仍然活躍時，你已經準備好進行這項體驗。

事先在家中準備舒適安全的地方，以便在深夜開始練習靈魂出竅。當你允許身體入睡時，事先錄製的音樂或引導式觀想會很有幫助。此外，有人分享使用增強記憶力的營養補充品「加蘭他敏」，能幫你做個栩栩如生的夢，並可能引發類似體驗。當然，在服用此類或任何營養補充品之前，請先諮詢你的醫生。

入睡大約三到三個半小時後，把自己弄醒，並移動至你選好的地方。躺椅是理想選擇。在椅子或沙發上稍微傾斜身子，但不要完全躺下。

在腦海中一遍遍重複「失去時間」（lose time）這幾個字，以集中你的感知。繼續重複這幾個字，直到你失去意識。

如果你做了一個生動的夢，彷彿你在房間裡另外某個位置，請想著從最近的門出去，盡可能遠離你睡著的地方。

注意：靈魂出竅體驗可能不會立即發生，而且需要練習，但這確實是能讓你以自己想要的方式體驗時間的簡單途徑。

16 永生不朽：超越時間

吉姆．塔克在所著的《驚人的孩童前世記憶》一書中，分享了小男孩派翠克的故事：一個五歲男孩能回憶起同母異父兄弟凱文的人生和經歷。問題是，凱文在派翠克出生的十二年前就已離世。

據說，派翠克記得和表弟一起游泳，耳朵周圍動過手術，還有跟小狗玩耍，但這些經歷都屬於凱文而不是派翠克自己。不可思議的是，這種聯繫似乎也延伸到派翠克身體上，因爲他身上有三個胎記，位置就跟凱文生前的腫瘤或痕跡幾乎一樣。

儘管派翠克的故事非比尋常，因爲他記得的人生是出生以前的事，但塔克的書報導了許多其他孩子的經歷，他們似乎記得自己不該記得的事件，因爲他們此生從未經歷過。

塔克是在採訪了兩千五百名孩童後發表這些報告，其中大多不到六歲。身爲維吉尼亞大學醫學院的精神病學教授，塔克得出頗有爭議的結論：針對這些孩子的經歷，最有可能的解釋是，他們其實是在回憶自己的前世。

此外，塔克爲了研究數千個案例而收集的數據，還顯示出一些有意思的趨勢。例如，大約七〇%的受訪兒童說自己在前世死於暴力或非自然死亡，九〇%的受訪兒童說自己現在的性別與前世相同；而且平均來說，兒童在前世死亡後，會在大約十六個月後出生在一個新的身體裡。

沒有任何東西被創造或毀滅，只是轉變成另一種形式

這要如何解釋？一種推測性的理論是，生命可能主要不是生物性，而是資訊性的。你可以把「資訊」想成關於某物的屬性或存在的事實。

在物理學中，物質和能量被認爲是構成宇宙的要素。最近，量子資訊處理領域的科學家推測，宇宙可能是一個處理資訊的巨大系統，就像一臺電腦，而這臺電腦產生出物質和能量，而不是誕生於物質和能量。

論點如下：因爲⑴宇宙是由原子和其他基本粒子組成；⑵構成原子的次原子粒子按照量子力學定律相互作用；⑶次原子粒子在互動時會產生資訊；因此，⑷構成宇宙的是資訊。

想想海浪拍岸的畫面。每個水分子都會給波浪帶來資訊，像是它相對於其他水分子的位置。兩個水分子互動時，會因爲「處理」該資訊而改變位置或四處移動。無數個水分子彼此互動時，成果就是波浪。如果這種情景發生在人腦中，結果就可能是一個想法，而這暗指意識。

物理學家羅傑·潘洛斯是物理學領域的巨人，他將量子運算的原理應用於大腦如何形成思想、成爲意識。他的理論指出，大腦可能以神經活動的形式儲存「量子態」，而這些神經活動因爲量子疊加而同時處於多個狀態——也就是「開」或「關」

的狀態。因此，它們就像量子電腦中的資訊位元，不是處於「開啓」就是「關閉」狀態。然後，在一瞬間，神經活動聚集於一個單一的量子事件，我們將其體驗成有意識的思想。

然而，大多數主流科學家不明白這怎麼可能算是一種解釋。潘洛斯提議的「量子相干性」，通常對環境和溫度非常敏感，而且只能發生在高度保護的環境當中。科學家認爲，大腦內部過於潮濕溫暖，量子過程因此無法在其中發揮任何作用。儘管如此，潘洛斯仍堅信，爲了解釋大腦和意識，我們終有一天將不得不拋棄「神經科學、生物學甚至物理學能解釋究竟怎麼回事」這種想法。

無論我們的大腦和意識是產生資訊的量子電腦的成果，還是大量粒子以量子理論允許的方式相互作用的量子場的成果，「能量守恆」都是眞實的——意思是沒有任何東西被創造或毀滅，只是從某個形式變成另一個。「沒有任何東西被創造或毀滅」這項原則，也能解釋塔克那些兒童展現出的不朽。在古典物理學的世界裡，資訊可以被隨意刪除；但在量子世界中，量子資訊守恆理論意味著，資訊既不能被創造，也不能被毀滅。

如果這是事實，那麼關於已故孩童人生的量子資訊，可能會繼續存在於其他孩子身上。

你已永生不朽

量子資訊守恆論點的實際涵義令人難以置信。一個例子是：不朽的祕密不一定是讓肉體長生不老，而是可能在於，每個人事物都「已經」不朽，因爲量子資訊可能永遠不會消失。

我們常常覺得自己沒有足夠時間去做需要做的事，認定時間是我們的敵人。但現實可能完全不同：**時間並沒有我們想的那麼有限。如果能察覺到自己的不朽本質超越了時間，就會覺得自己擁有世界上所有的時間。**

儘管如此，關於生命是什麼，以及「活著」的事物跟無生命、「不是活著」的物質有何區別，依然是個問題。

幾世紀前，哲學家和科學家推測，有機體是由靈魂或無生命物質缺乏的「生命火花」，以某種方式賦予了生命力。到了十九世紀，科學的進步導致人們原本的觀點發生重大轉變：有機體是由分子組成，分子是由原子組成，受化學、物理學和熱力學定律約束，也從中獲得生命。也因此，在分子層次上，活的有機體可能就跟因爲熱力學反應而運作的蒸汽機沒什麼不同，只是結構遠比蒸汽機複雜。

然而，在二十世紀發生了一件大事。神祕又奇幻的量子力學世界被發現了，它有自己的一套定律：量子粒子因爲被觀察而從波函數中坍縮，能同時以多種狀態存在，就算相隔甚遠也能展現出鬼魅似的連結。

隨著對物理學的舊思維持續被更新的科學發現取代，量子力學的巨人之一薛丁格（還記得薛丁格的貓嗎？）試著回答「生命是什麼」。薛丁格在他出版於一九四四年的《生命是什麼》一書中提出，細胞的行爲和神經系統的工作方式，可用已發現和尚待發現的物理定律來解釋：細胞是統計系統的一部分；細胞的突變就像量子跳躍；熵會影響事物衰變和分崩離析的方式。

將近一個世紀後，科學獲得長足進步，爲光合作用、生物酶化學反應和候鳥導航等基本生物過程，提供了基於量子理論的解釋。或許薛丁格等眾多科學家總有一天能徹底回答「生命是什麼」這個問題。

與此同時，我想用接下來的練習來引導你接觸自己的不朽本質。每當我因爲某個想法或感覺而無法完全處於當下或採取行動，感到動彈不得時，我會用這種練習來觸發超越自我的奇異體驗或一體意識，這種狀態通常與伽瑪腦波有關，據信是最高層次的意識狀態。透過刻意觸發這種狀態，我幾乎都能順利擺脫任何使我動彈不得的想法或感覺，再次出現無時間感的超然感受。

透過這種練習，你可能會暫時體驗到：**你以爲跟你分開的一切，其實跟你密不可分。**畢竟，構成宇宙的一切，包括物質，只是量子粒子彼此互動，並根據萬物論產生資訊——該萬物論指出，現實可能一部分是物理，一部分是感知。在這種狀態下，所有擔心和恐懼的感覺都會消失，被永恆的感覺取代。

「萬物皆是我」練習：超越時間

使用「產生集感力狀態」練習，閉上眼睛，盡可能放鬆。接下來，驟然睜開眼睛，看看你周圍，想著：**萬物皆是我**。

盡可能繼續保持這個想法，就算你的邏輯思維開始發出雜訊。思緒飄散時，再一次想著：**萬物皆是我**。把周圍所有東西納入你的想法中：椅子、電腦、桌子、書本——萬事萬物。

觀察一下，在你的大腦開始用種種念頭轟炸你、打斷你的注意力之前，你能集中注意力多久。用意志力讓這個想法再次進入你的腦海：**你周遭的一切都是你**。

高階技巧：強化感知體驗

環顧四周，想像放眼望去都看到你自己。你跟你的周圍密不可分。然後想像你在周圍的一切當中看到自己，你是一切的創造者。你可能會感覺到你和，比方說桌子之間的界限，但在某種意義上，這種界限是人爲的。組成你身體和桌子的原子和次原子粒子沒有什麼不同。更深入觀察你的手和桌子，想像那些界限不存在。

17 超越時間的日常練習

既然你已經更新了你的時間構念，也知道一些實際應用方法，下一步該怎麼做？你要怎樣把這一切內化成天天都能做的事，來改變你的時間體驗？我建議你用以下日常練習，把時間科學跟你的個人轉化工作結合起來。

晨間練習

每天早上起床後，先進行「產生集感力狀態」練習（見第六章）。然後自問，我今天能做什麼？

根據你得到的答案，寫下當天的優先事項。在接下來的一天裡優先處理這些事項，相信發生的任何事都會促進這些事項進行並完成。然後提醒自己：**時間是一部分物理和一部分感知。我能隨時改變自己對任何事件的感知，方法就是專注於我想做的事。**

接下來的一天當中

超越時間的第二個關鍵，是處於當下。在這一天當中，你如果感到不知所措、驚慌失措或時間緊迫，請停止你正在做的事，找個安靜的地方，運用「產生集感力狀態」練習（見第六章）回到當下。

如果你還是無法做到，那可能是來自過去的遺憾正在阻礙你。使用「扭轉過去」練習（第八章），來擺脫令你動彈不得的想法。

同樣地，如果對未來的擔心、焦慮或恐懼讓你無法處於當下，請使用「別讓未來拖慢你現在的腳步」以及高階技巧「什麼才是眞的？」（第九章）來擺脫這些想法。

發生緊急情況時

- 你要參加重大會議但快遲到了：試著「拉伸時間」（第十章）。
- 你需要完成某項緊急任務：「在需要時獲得洞察力」（第十一章）。
- 你需要某人聯繫你，或是你沒時間直接與他們聯繫：「迅速連結他人」（第十二章）。
- 你需要知道某人或某物是否安全，但你沒時間親自前去查看：「立即確認重要的事」（第十三章）。
- 你關心的某人需要某樣事物：「駕馭看不見的愛的引力」（第十四章）。
- 你對當前情況感到不知所措，需要被快速提醒時間不是你的敵人：「超越時間」（第十六章）。

晚間練習

每晚在睡前練習「扭轉過去」（第八章），以便擺脫以往的負面經驗。如果覺得被擔憂或恐懼占據心靈，請使用「別讓未來拖慢你現在的腳步」練習，連同「什麼才是眞的？」技巧（第九章）。

如果想獲得更多資源和支援，以發展出你自己「超越時間」以及「做自己該做的事」的持續練習，請上官網 alltimebook.com。

結語

你接下來該做的事

二〇一六年六月三十日，我當時住在佛羅里達州，在當地的海灘散步，我在夏日午後經常會這麼做。正要離開時，一輛警車從街上駛入海灘，這有點不尋常，因爲他們似乎沒理由這麼做。我看著這輛車在崎嶇不平的沙灘上行駛時，注意到別的東西。在我只能形容爲「瞬間幻象」的那瞬間，我「看見」那輛車側面的「警察」（police）一詞莫名地變成「治安官」（peace officer）。

後來在家裡，我回想自己在海灘所見。也許把人們在警車上看到的文字改成「治安官」這麼簡單的小事，其實比乍看之下更具意義。畢竟，「治安官」是地方法對全國各類警察的總稱，這是把各地警察團結起來的基本術語。

四年後的二〇二〇年六月，發生在全國的一系列執法過當事件，揭示了「警察如何看待自己在社區中的角色vs.公民希望如何被警察監管」的問題。話雖如此，如果我們有認眞思考警察和社區之間衝突日益加劇的趨勢，應該就能在四年前注意到這個問題。

我突然想到，警察和社區成員感受到的那種冷淡態度，就是警察認爲自己該扮演的角色。如果我們能改變「警察如何看待自己」以及「市民如何看待警察」，或許就能改變全國各地的緊張情勢。

我受過經濟學訓練，被教導在眞實世界的情境中測試理論，所以我決定這麼做。你猜怎麼著？我發現我的理論正確。改變警察和公民對自己的看法，這麼做雖然簡單，但確實改變了雙方之間的互動關係，重新構想了雙方之間的對話。

我最終成立了「Police2Peace」這個全國性非營利組織，它將全國各地的警察部門和社區團結起來，鼓舞並療癒大家，包括在談話中使用「治安官」一詞。有人說Police2Peace的成立「來得就像及時雨」。

我的家族成員中沒有警察，我也沒有執法培訓或倡議的相關經歷。但我那時「看到」文字在我眼前改變時，Police2Peace的願景立即進入我的腦海。在那之後，我的生活永遠改變了。我開始致力於刑事司法改革，並繼續在國家的層次上提倡變革。

關於這次經歷，人們最常問我的是：妳當時怎麼知道下一步該做什麼？而我的答案就寫在這本書裡。透過我納入這本書裡的練習，能更容易地辨識自己該做什麼，而且實際去做。

我們的日常生活與時間密不可分，我們相信如果沒有時間的流逝，生活中的一切就不可能存在。時間定義了我們對物理現實的體驗。然而，我們現在明白，時間不僅是物理層面，也基於我們的感知。**把感知力集中起來，就會改變我們對時間的體驗。當我們改變對時間的體驗，就能超越時間，進而掌握時間。如果能掌握時間，就能掌握自己的人生。**

我要對你提出的疑問是：**有什麼是你該做的？**

誌謝

感謝我所有的搭檔讓這本書得以成真，尤其是唐恩、阿曼達、史帝夫、詹恩、黛安娜，以及Sounds True出版團隊，感謝你們的激勵、專業和技藝。感謝諸多貢獻者和讀者，尤其是瑪西亞、蘿爾、戴文、安妮卓、查理、艾琳娜、安東尼、喬爾斯、泰瑞、班恩、比爾、瑞奇、瑪莎、拉娜、韓特、史蒂芬、戈登、蘿瑞、莉蒂亞、芭芭拉、皮特、梅瑞爾、克羅黛特、德魯、伊凡巧琳、帕蒂、麥克、派翠克、薇若妮卡、菲爾莎、羅斯、萊斯利、喬妮、黛布拉、瑪西、傑克、唐．米蓋爾、布魯斯、狄恩、羅傑、歐瑞、亨利、喬治、大衛、康斯坦斯、夏洛特、克利斯、尼克、凱悌、艾美、安妮、彼得，還有蘿拉：感謝你們的坦誠、細心和無數心力。致畢業於麻省理工學院和耶魯大學物理系的唐納德．卡林博士：謝謝你協助我走在正路上。亞瑟、吉姆和史考特，謝謝你們相信我什麼都做得到。東尼，謝謝你總是支持我。還有傑瑞，我相信你就在我身邊某處。

附錄A

更多科學資訊

在這整本書中，我使用一些主張來支持某些論點和理論，而這可能被某些人認爲過於誇張。因此，我在此列出支持這些主張的其他科學論點，供有興趣的讀者進一步了解。

◆波粒二象性

我們知道量子物理學家研究的粒子甚至比原子還小，而且行爲模式似乎與我們看得到、感覺得到和摸得到的大型物體不同，但你知不知道他們是如何發現這些神祕粒子，連同支配其行爲的定律？

量子科學尚未出現前，湯瑪士·楊格在一八〇三年聲稱，光的特性只有在「擁有波的特性」下才能解釋。一百多年後，愛因斯坦證明了某些頻率的光也以「離散的能量包」形式存在，例如被稱爲「光子」的光粒子。他因爲這個理論獲得一九二一年的諾貝爾獎。這兩個理論被認爲只適用於光，直到路易·德布羅意於一九二四年發表博士論文，指出電子以及其他一切——包括物質、電子和原子——可能同時具有波和粒子的特性。德布羅意因爲這個想法而在一九二九年榮獲諾貝爾獎，「波粒二象性」因此成了第一個量子物理學理論，是量子理論中最著名的概念之一。

波粒二象性的概念是：光和一般物質可以同時表現爲波和粒子。湯瑪士·楊格、愛因斯坦和之後的許多人，使用相同類型的實驗來證明光子的波和粒子特性，該實驗通常稱作「雙縫實驗」。

雙縫實驗的細節如下：首先，在光源（光子）和用於記錄光子著陸位置的板子之間，放置一個帶有單條狹縫的屏幕。光從光源發出，就像從槍裡射出微小的光子子彈。這些像子彈的光子穿過屏幕狹縫、擊中其後方板子，堆積起來，產生了一個模糊圖像。它們堆積於另一端的板子上這個事實，表示光子表現得像粒子（請見第八章的圖三）。

這些早期的物理學先驅對這結果並不滿意，想試試看在屏幕上切出兩條狹縫會發生什麼事。請記住，他們只嘗試發射一個光子，認爲這是單一粒子，所以你可能會認爲單個光子只會通過一條狹縫。你也可能以爲他們會得到兩張「光子堆積」圖像，因爲狹縫有兩條。但結果出乎他們意料：光似乎**同時**穿過了兩條狹縫。狹縫另一側的圖像看起來像波，不像光子粒子。

具體來說，它們最終看起來就像兩組相互交錯、干涉的波，就像兩顆子彈射入池塘，每一道撞擊產生的漣漪向外延伸，並相互干涉。

觀察者效應

那麼，爲什麼這些光子在單縫實驗中表現得像粒子，在雙縫實驗中卻表現得像波？爲了更了解眞相，科學家設置了感測器，來觀察光子穿過兩條狹縫、撞擊屏幕後面的板子。發生的狀況如下：被感測器觀察到的時候，每個光子表現得好像只穿過了一條狹縫。換句話說，板子上的波紋消失了，科學家得到了最初預期的結果：在狹縫另一邊的光子，看起來像粒子而不是波。儘管似乎很奇怪，但只有當感測器觀察到光子穿過任何一條狹縫時，光子的行爲才會從波變成粒子。此外，光子要麼表現得像粒子，要麼表現得像波，科學家無法觀察到它們同時表現得既像粒子又像波。而且雖然這場辯論是從光子開始，但別忘了，波粒二象性不僅限於光子。科學家已經針對中子、原子以及更大的分子進行了類似的實驗。

他們此後做過無數次光子實驗，但加了一些變化。在後來被稱作「量子擦除」的實驗中，科學家設計了「故意不觀察光子」的方法。在每種情況下，他們發現：觀察到一個光子的「不存在」，跟觀察到它的「存在」有著同樣的效果。由於他們實際上什麼都沒觀察到，有發生的只有「沒進行觀察」，這表明「觀察」本身就是「波函數坍縮」當中的關鍵過程。正如理查德．康恩．亨利教授在《自然》期刊上所寫的：

「波函數之所以坍縮，純粹因爲你的人類大腦什麼也沒看見。」他因此得出結論：「宇宙完全是精神層面的。」

◆物質世界中的量子纏結

如第三章所述，研究人員正在努力證明支配微觀世界的量子原理也可能適用於宏觀世界，從而形成一套萬物論。而科學家試圖將廣義相對論與量子力學結合起來的一種方法，是使用「纏結」這個概念。

我之前描述過，當粒子相互纏結時，表現得就好像彼此相連，即使相隔甚遠，例如相隔整個宇宙。布魯克黑文國家實驗室、石溪大學，以及美國能源部的能源科學網路研究人員，最近成功證明了這一點，發現相距將近十八公里遠的光子彼此纏結。這被認爲是美國距離最長的纏結實驗之一。在更大的規模上，研究人員現在認爲量子纏結以及固定於空間的蟲洞是相同的現象。物理學家原本把量子纏結描述爲「僅存在於兩個粒子」，但在最近的一篇論文中，研究人員提出，對糾纏的次原子粒子行爲的解釋是，它們可能是透過一種「量子蟲洞」相連。事實上，「時空」本身就可能來自量子纏結。由於蟲洞是愛因斯坦的重力論所描述的空間扭曲，研究人員現在明白，許多受量子力學支配的粒子都能彼此纏結。此外，用量子纏結來辨識通常只存在於天體物理學的蟲洞，這正可說明廣義相對論和量子力學之間關係有多牢固。

物質世界中的量子疊加

在追求萬物論的過程中，一些研究人員也一直在關注「疊加」這個概念。就在不久前，一個研究時間的國際科學家團隊表示，時間能以眞正量子的形式流動。我們已經透過物理定律得知，大質量物體的存在會因爲重力而減慢時間。意思就是，靠近大質量物體的時鐘，會走得比遠離該物體的時鐘更慢。那麼，爲什麼同樣的效果無法存在於微觀量子世界？例如，如果時鐘在量子世界中受到一個巨大物體的影響，那它要如何計時？

傳統的科學答案是「這種情況是不可想像的」，就算大多數的物理學家都不希望給出這種答案。這是因爲，在廣義相對論支配的宏觀世界中，事件是連續的，有因果關係，意思就是每一個原因都對應一個結果。但在量子力學的微觀世界裡，事件的發生是概率的結果，而不是因果關係。別忘了：波粒二象性，以及薛丁格的貓存在於兩種不同狀態（稱爲疊加態）的可能性。

如果把一個其重力能扭曲時間的巨大物體放置於量子疊加的場景——也就是把量子原理和物理定律結合在同一個場景中——會發生什麼事？提出這個問題的研究人員，想出以下臆想實驗。

想像一場太空任務中有兩艘太空船：一號船和二號船。它們被指示在完全相同的時刻朝彼此發射武器，然後飛離原地，以免被對方的武器擊中。在這一刻，它們被認爲處於「相互疊加」的狀態，意思是它們被擊中和未被擊中的兩種可能性同時存在。

接下來，讓我們在實驗中加入重力。想像一下，一號船比二號船更靠近一個巨大的物體（例如行星）。從一號船的觀點來看，二號船的時間似乎加快到看起來流動得更快的程度。

還記得我們在前面章節提到的黑洞案例嗎？如此一來，跟一號船相比，離行星更遠的二號船一定會更快接近奉命開火的那一刻，而一號船的開火速度永遠沒機會擊中二號船，這在時間上確立了無可爭辯的事件順序。當兩艘飛船的疊加（一種獨特的量子現象），與重力對飛船的影響（一種獨特的物理現象）相結合時，意味著兩個「世界」能共存於現實世界，至少在理論上可以。

所以，雖然這只是一個臆想實驗，不是一場真正的太空戰鬥，但也不是科幻小說。

物質世界中的意識導致坍縮

另一些開創性的研究，試圖展示人的意圖在日常生活中的影響，以表明「意識導致坍縮」也適用於我們能感知的物質事物。

數十年來，基於量子原理的隨機數產生器的輸出，被用來確認能否證明「人類意圖導致非隨機結果」。這類實驗的受試者被告知要用他們的意念來讓，比方說面板上的一盞燈比另一盞更亮。光線，或實驗中使用的訊號，將由量子隨機數產生器隨機產生。如果受試者的想法對隨機數產生器沒有影響，則有五〇%的燈將始終是一種顏色，五〇%的燈將始終是另一種顏色。然而，最近的一項整合分析顯示，一種微小但一致的偏差存在於所有實驗中，這表明「人類的有意觀察」可能對實體物質有著某種作用。

這種研究被稱作「微念動力」。這種研究試圖利用宏觀世界的物理學，來測量一種被認爲只發生於微觀量子世界的現象：意識導致波函數的坍縮。

雖然這類研究繼續發表，但科學界總體上仍然未被說服，就算諸多研究匯總了大量的數據支持。這種懷疑態度說明了當今物理學另一個大問題：宏觀物體的行爲與微觀粒子的行爲之間存在著明顯差異。

然而，如果「意識導致坍縮」這個概念，只是描述人類念力對物質的操弄，而物理學家對此只是尚未能夠完全解釋呢？畢竟這種想法並不是新鮮事。幾千年來，人類一直著迷於「在物質現實中顯現身心聯繫」的可能性。古老的諸多靈性傳統，以及大多數的世界宗教、神話和哲學，都納入這種信念的各個層面。例如，幾千年前的東方靈性傳統，像是中國和印度，始終相信心靈在療癒身體方面有著至關重要的作用。這些文化和許多其他文化，例如美索不達米亞、埃及、希臘、羅馬和猶太教，也相信人類的思想能創造或改變物質現實的各個層面。

這些信念持續了幾個世紀，直到十四、十五世紀的文藝復興時期。在那時候，主要是西方哲學家開始爭論，心靈和心理現象在本質上究竟是物質還是非物質。十七世紀，著名哲學家笛卡兒首先把心靈與意識視爲一體，把大腦與身體視爲一體，等於讓心靈跟大腦分開，而大腦被視爲智力的實際來源。這被稱爲笛卡兒的「身心二元論」，認爲人類在本質上是二元的——一部分是心靈，一部分是肉身——而這個想法一直在西方文化中占據主流位置。

話雖如此，笛卡兒也在《沉思錄．我思故我在》寫道，賭徒的情緒如何可能影響賭博的結果。三百年後，更多關於心靈與物質之間關係的科學調查，是使用擲骰子的方式。從那時起，學者進行了大量研究，探討人類意念對無生命物體造成改變的可能性，例如擲骰子、擲硬幣——還有隨機數產生器。

與這些現實世界經驗和實驗相似的是近期的理論實驗，指出「意識導致坍縮」的量子過程，可能是另一種描述物質受到念力操控的方式。在一項研究中，觀察者效應被描述爲「有意觀察者」與「被觀察物」之間的量子纏結。

在物理學家羅傑．潘洛斯的另一項研究中，「觀察」是把量子世界中對某物的無意識知識，轉化爲對其確切存在的有意識體驗。潘洛斯認爲，意識不是運算性的——意即不能被簡化成一臺機器。此外，這超出了神經科學或生物學所能解釋的範圍。然而，透過量子運算理論，潘洛斯指出「瞬間思想」以所謂的「量子相干性」聚集在一起，突然以一種量子狀態共同作用，進而產生意識。這些「意識瞬間」是透過大腦中的特殊線路而得以實現，學者認爲此線路能儲存和處理資訊和記憶。

隨著「意識導致坍縮」的證據不斷積累，人們不禁想問：我們什麼時候能說「物理學證明了意識的存在」？

考慮到科學對證明萬物論的不懈關注，以及目前爲止取得的進展，學者似乎必定需要在「量子理論及在理論上可行的萬物論所支持」的龐大事物上進行實驗。

附錄B

全書練習總整理

◆產生集感力狀態

1. 在黑暗中進行這項練習，無論是閉上眼睛、關燈，或是戴上眼罩。
2. 舒適地坐在地板上，雙腿交叉於身前（通常稱爲蓮花坐），雙手放在膝上，手掌向上。如果你覺得這個姿勢不舒服，可以坐在一個小枕頭上，雙腿交叉於身前，或是靠牆而坐，雙腿向前伸直。
3. 注意你的心靈如何運作：正在反思過去發生的事嗎？正在爲將來發生的事情做盤算嗎？又是否注意到你周圍的事物？
4. 順其自然地讓這些念頭出現。

5.把注意力集中在呼吸上。開始用鼻子吸氣，用嘴吐氣，呼出的氣是吸氣的兩倍長。想像你的吐氣是煙或霧離開你的嘴。

6.下一次吐氣時，在你閉上的眼睛前面看到3這個數字。

7.再下一次吐氣時，看到數字3變成數字2。

8.再下一次吐氣時，看到數字2變成數字1。

9.再下一次吐氣時，看到數字1變成數字0。

10.只要你願意，就繼續保持這種安靜、處於集感力的狀態。

11.準備好的時候，慢慢睜開眼睛，或是準備進行下一項練習。

高階技巧：小狗和小貓

1.任何有意識的想法浮現於腦海時，專注於這個想法。

2.把它變成你喜歡的東西，像是小狗或小貓。

3. 刻意把這隻小狗或小貓放在「外面」。這麼做就能發揮「把想法移出你意識」的效果。

4. 如果它們回來，就再一次放到外面，直到不再回來為止。

高階技巧：我今天能做什麼？

1. 處於集感力狀態時，不要立刻睜開眼睛，而是問自己一個你想知道答案的問題，例如：我今天能做什麼？

2. 當你獲得了你需要的明晰或完成感時，慢慢睁開眼睛。

提前體驗你的未來

1. 使用「產生集感力狀態」練習，來盡可能讓身體放鬆。

2. 想著一樣你眞心希望爲自己創造的事物。我希望你選的事物對所有相關人員都有利，而且不會傷害任何人，或讓任何人事物蒙受損失。

3. 想像一下，你想創造的事物已經在各個層面上發生了：視覺上、體驗上，還有情感上。把「它是如何發生」的任何解釋都拋在腦後，只簡單地接受「事情已經完成了」。

4. 讓自己深深地沉浸在「某樣事物東西已經被創造出來」的感覺裡，以及「目標已經達成了」所帶來的放鬆或滿足感中。如果你很難感覺到「你想要的事物已經成眞」，請想像你正在潛入那種感覺裡，彷彿那是一處巨大的湖泊。看見自己沐浴其中，感覺像泡在水裡一樣。

5. 準備好的時候，慢慢睜開眼睛。

高階技巧：想像三年後的自己

1.使用「產生集感力狀態」練習，來盡可能讓身體放鬆。

2.想像你從遠處看著自己像現在一樣坐著。接下來，想像一個氣泡包圍你，把你從你所坐的地方擡起來，你現在看到你下方是你的家、辦公樓或其他地點。

3.想像一下，你看到下方的地球往你的左方移動時，氣泡開始朝你的右邊移動。繼續想像氣泡移動，直到你感覺自己已經來到三年後的未來。看著氣泡停止移動，而且下降，讓你回到地球。觀察你的周圍。你在哪裡？你在做什麼？你跟誰在一起？不要覺得你必須去創造自己正在體驗的東西，只需注意它。透過「想像三年後的自己」，你就能了解你想爲自己和你的人生創造什麼。

4.記住你三年後的人生後，想像一下氣泡再次包圍你，把你擡起來。想像氣泡開始朝你的左邊移動，看著地球在你下方移動。感覺自己來到兩年後的人生時——這意味著你從剛才的位置折返了一年——想像氣泡把你放下來。你所在的位置，是你想像你在兩年後的人生。你看到什麼？

5. 接下來，看著氣泡再次包圍你，把你擡起來。想像氣泡再次朝你的左邊移動，地球在你下方轉動，這次你來到一年後的未來。想像氣泡把你再次放在地球上。你這次看到什麼？

6. 最後，回到當下的時間點，坐在你現在所在的位置上。寫下你看到什麼，包括「走哪條路能讓你到達那裡」的見解。

扭轉過去

1. 使用「產生集感力狀態」練習，來盡可能讓身體放鬆。

2. 你閉起的眼睛前面出現數字0的時候，把注意力轉移到你想改變和擺脫的一些生活經歷上。它可能是一件小事，也可能是重要的大事。如果你感覺某件小事背後有更深的創傷，但不確定是什麼，那麼就從這件小事開始吧。

3.開始重溫你在哪裡、和誰在一起的感覺。帶出與這項體驗有關的任何情緒，像是憤怒、恐懼、怨恨、沮喪、悲傷或焦慮。

4.欣然接受負面情緒。把這些經歷和情緒放在你的腦海裡，彷彿它們全都在這一刻再次發生在你身上。

5.接下來，扭轉你對這個體驗的負面感受，讓事件圓滿解決。

6.讓圍繞這個體驗的所有問題和疑問從你的想法中消失。

7.請安心地鬆一口氣，讓自己因爲問題獲得解決而覺得充滿力量。

8.準備好的時候，慢慢睜開眼睛。

高階技巧：即時扭轉負面經歷

如果你想化解剛剛經歷的事件的負面影響，只需找個安靜的地方坐下來，立即扭轉它。

高階技巧：扭轉你的一天

1. 睡前躺在床上時，想想你在那天早上睜開眼睛的那一刻。
2. 在腦海中度過你的這一天，把每一個經歷都轉變成原本能發生在你身上的最好版本。
3. 繼續這樣改變你在這一天記得的所有經歷，直到你完全重溫了這一天，然後讓心思回到所躺的床上，準備入睡。

高階技巧：扭轉夢境

如果從惡夢中驚醒，也可以運用上述練習，這次不是扭轉過去的事件，而是詳細地重溫夢境，回想夢裡令你感到不安的那一刻。回想到令人不安的部分時，對自己說，事情不是那樣的。請扭轉負面的部分，讓最好的可能結果發生。

高階技巧：扭轉昔日創傷

1. 如果你持續經歷一些跟特定場景有關的負面情緒，但你不知道爲什麼會這樣，而且你已經準備好並願意處理你的負面情緒的更深層原因，可以先從練習「需要時獲得洞察力」開始（請見第十一章）。
2. 如果你大概知道你負面情緒的來源是什麼，請運用「扭轉過去」的練習來扭轉。
3. 當你在腦海中看到自己的情況獲得解決時，想像你最明智、最仁慈的「成年自我」來到這一刻，與你同在。
4. 想解決或療癒這些負面情緒，你在這一刻最需要什麼？在腦海中看著你的成年自我爲你提供所需的一切。
5. 在事件以最圓滿的方式完全解決後，請感受這時候出現的所有正面情緒。

6. 完成「扭轉過去」練習的其餘步驟。

別讓未來拖慢你現在的腳步

1. 使用「產生集感力狀態」練習，來盡可能讓身體放鬆。
2. 閉上眼睛，看到數字0出現在眼前時，把注意力轉移到你想中和、擺脫的恐懼或擔憂想法上。
3. 仔細想像一些可能導致你本人或其他人受到傷害的不愉快狀況，藉此充分體驗恐懼的情緒。你如果正在經歷某個輕微的擔憂，請把擔憂的想法強化到極端程度，在腦海中體驗所有可能發生的不愉快。
4. 增強恐懼的情緒，直到你感覺到身體出現感受。把這些經歷和情緒放在你的腦海裡，彷彿它們這一刻正發生在你身上。
5. 接下來，停止這麼做，而且意識到這種體驗未曾眞實發生。你在此時此刻很平安，沒有不愉快，你完全安全。

6. 對自己說：噢，那些事情其實根本沒發生，或是事情並不是像那樣發生。讓你想像出來的所有可能發生的想法和感覺，從腦海中消失。你不知道如何或爲何，只是沉浸於這種安心感：「那些不愉快的事情未曾以我想像的方式發生。」你的心智對此可能會表示反對，所以請先把這個反對放在一邊。如果又出現反對意見，那也沒關係，請繼續把那些想法放在一邊。

7. 感覺自己完全擺脫了不愉快的事，這可能產生安全感或正面結果。看到自己鬆了一口氣，因爲不愉快的事情從未發生過。

8. 準備好的時候，慢慢睜開眼睛。

高階技巧：什麼才是眞的？

1. 想消除反覆出現的恐懼，找個搭檔一起做這項練習。

2. 請從「產生集感力狀態」開始練習。

3. 然後睜開眼睛，寫下這個情況的事實，以及對這些事實的至少兩種不同的詮釋。

4. 例如，你如果擔心會丟掉工作，可以請你的搭檔問你：「那麼，關於你覺得自己會丟掉工作這件事，什麼才是眞的？」

5. 唸出你剛才寫下的兩種不同詮釋，來對「什麼才是眞的」做出回應。

6. 然後請你的搭檔再次問你：「什麼才是眞的？」

7. 你再次回以對事實做出的兩種不同詮釋。

8. 持續這樣一問一答，直到你開始發現你的大腦可能一直扭曲了事實，因此對可能發生的事情做出令你不愉快的詮釋。

9. 你遲早會發現什麼才是眞的，而眞相大概不會像你原本擔心的那樣令你不愉快。

拉伸時間

1.舒適地坐在一個時鐘或手錶前，讓秒針靠近你的臉，注意秒針的位置。
2.三不五時把視線從時鐘上移開，盡可能向左或向右移動。
3.重複把視線移回來，直接盯著鐘面。
4.開始重溫一段漫長又深刻的生動回憶，就像在腦海中播放一部精采的電影。
5.聚焦於時鐘，你會發現秒針似乎動也不動。秒針甚至可能倒退走。

高階技巧：準時抵達（沒在開車的時候）

1.首先，心不在焉地輕輕望向車上的時鐘。注意時鐘的指針運動或數字變化的單調節奏。

2.刻意把視線拉回來，直接凝視整個鐘面。
3.來回不斷地把視線從時鐘移向馬路或其他地方，然後再回到鐘面上。
4.開始生動地想像「我準時抵達目的地」，就像在腦海中播放一部電影。
5.前往目的地的路上，持續在腦海中播放這部「我準時抵達目的地」的電影，並不時地把視線從時鐘轉移到道路或周圍環境上。

高階技巧：準時抵達（開車的時候）

1.想著「準時抵達」會對你或他人帶來的好處。
2.感受著你想「準時抵達」好讓所有相關當事人受益的正面願望。
3.然後，放下這個願望。
4.在腦海中製作一部「我準時到達目的地」的電影，觀看這麼做的所有正面結果。

5.提醒自己，我有足夠的時間去自己需要去的地方。
6.想像時間在你周圍拉伸、移動，爲你的旅程騰出所需的空間。
7.繼續在腦海中回放「準時抵達」的電影，直到抵達目的地。

在需要時獲得洞察力

1.舒適地坐在一個不受干擾，而且沒有時間壓力的地方。能獨處最好，如果不是也沒關係。最好閉上眼睛，能在黑暗中就更好了。這些都不是必需的，只是幫助優化你大腦的接受能力。
2.使用「產生集感力狀態」練習進入靜心狀態。
3.然後自問：「我自己對此了解多少？」在這個問題中加入你想了解的主題，例如：**我對自己的腰痛了解多少？**
4.安靜地坐著，想坐多久就坐多久。不要擔心無法立即得到答案，雖然某個答案總是會突然跳進你的腦海。

5.某個念頭、想法、形影或答案出現在你面前時，記住它是什麼，例如，我在十歲時發生了一次意外。

6.重複一開始那個問題，這一次在問題中插入剛才的答案：我自己對我在十歲時發生的意外了解多少？

7.等待新的想法或答案，然後在同一個問題中再次插入該想法或答案。

8.重複這一系列問答，直到你覺得自己擁有的情報比一開始更多。

迅速連結他人

1.先從練習「產生集感力狀態」開始，來讓自己安靜下來。

2.在腦海中想像一個生動的場景，想著你在發送訊息後想體驗到什麼，像是接聽電話、聽到你試圖聯繫的那人的聲音，或是查看電子信箱，看到你等候許久的郵件就在裡頭，尚未閱讀。

3. 在腦海中看到你希望接收你訊息的那個人。如果你離那個人很遠，可以在開始想像對方之前，先看一下那個人的照片，這可能會有幫助。

4. 回想你跟那人面對面交流時的感受。

5. 感受這些情緒，彷彿那個人眞的在你面前。專注於這些感受，並相信你正在跟對方建立聯繫。

6. 專注於你想聽到或讀到的單個圖像或單詞。

7. 詳細地把它視覺化，並完全把注意力集中在上面。專注於它的模樣、它的觸感、它帶給你什麼感覺。

8. 形成了清晰的心理圖像後，把你的訊息傳遞給對方，方法是想像這個單詞或物體從你的腦海進入接收者的腦海。

9. 想像你與接收者面對面，然後對他說出「貓」這個字，或是任何你正在發送的想法。

10. 在腦海中看到對方臉上的領悟神情，因爲他明白你在跟他說什麼。
11. 接下來，意識到你希望發生的事已經徹底發生了。
12. 你感受到「已經不再需要做什麼」的解脫感。你想達成的已經徹底完成了。讓這種感覺包圍你的全身，就像潛入一個巨大的湖中，越來越深。
13. 完成後，驟然停止靜心，睜開眼睛。

立即確認重要的事

1. 爲了準備這個練習，請一個助手或朋友選擇五到七張圖片，從雜誌上剪下來，或從網路上下載。這些圖片必須是你知道的眞實世界地標，例如法國艾菲爾鐵塔、美國大峽谷或某個大城市。這些將是你的「目標」。請他們把圖片正面朝下，疊放在一個密封的盒子或信封裡。
2. 你可以開始的時候，在手邊準備一張白紙和一枝筆或鉛筆，以待稍後寫下你的印象。

3. 使用「產生集感力狀態」練習，來盡可能讓身體放鬆。

4. 開始想像在你家中或周遭另外某個地點會有什麼感覺，例如，若你在室內，請想像你在室外；如果你在客廳，請想像你在臥室裡。越放鬆，就越能專注於「自己身處另一個地方」的感覺。

5. 接下來，想像你就在那個放著圖片的盒子或信封裡，正在低頭看著那疊圖片。

6. 在腦中把第一張圖片翻過來，只接收圖片給你的大略印象。試著注意目標中最讓你印象深刻的圖像：它是天然的還是人造的？它在陸地上還是在水中？寫下你看到的第一件事。

7. 畫出目標的草圖。花時間仔細觀察你看到的東西的顏色和形狀。

8. 接下來，想像你飄浮在目標上方幾尺處。在紙上寫下你下方的目標給你的印象。

9. 寫下你看到的一切的大略樣貌。盡可能詳細寫下進入你腦海的任何訊息，而且不要做出任何評判。請務必描述你接收到的感官訊息，例如氣味、顏色、味道、溫度，或是模糊形狀和紋路。觀察自己是否對目標產生情緒反應。

10. 從堆疊的圖片中拿起第一張，跟你的印象進行比較。

11. 準備好後，對這疊圖片的每一張重複這些步驟。

駕馭看不見的愛的引力

1. 使用「產生集感力狀態」練習，來盡可能讓身體放鬆。
2. 然後，把意識集中在心臟中心，你的胸口中央，把注意力維持在這一處。
3. 開始想像心臟在胸腔裡輸送血液的模樣。繼續集中精神，直到你能直接看到、察覺到或感覺到你的心臟就在你面前。
4. 在腦海中移至心臟後部，好讓你看到心臟後部就在你面前。
5. 在心臟上尋找一個足以讓你進入的褶皺或裂縫。

6.感覺自己持續接近你可能進入其中的那一處。

7.接下來，以最舒服的方式進入褶皺處。

8.感覺自己墜落，直到突然停下來，站在心臟深處一個狹小隱密的空間裡。如果你希望這裡有光線，就看見光線。

9.轉移你的注意力，感知周圍正在發生的事情、動作和聲音。

10.開始回憶愛或感激的感覺。

11.透過想像你愛的人（例如配偶、家人或寵物）來表達這些感覺。

12.想想你希望發生在你愛的人身上的事，例如獲得他們想要的工作、從疾病中復原，或找到人生伴侶。

13.把注意力集中於胸腔的心臟中心，俯視該區域，眼睛依然閉著。

14.準備好的時候，慢慢睜開眼睛。

永遠不缺時間

1.爲晚上要做的靈魂出竅練習做好準備。事先在家中準備一個舒適安全的地方，以便在深夜開始練習。

2.入睡大約三到三個半小時後，把自己弄醒，並移動至你選好的地方。躺椅是理想選擇。

3.在椅子或沙發上稍微傾斜身子，但不要完全躺下。

4.在腦海中一遍遍重複「失去時間」（lose time）這幾個字，以集中你的感知。繼續重複這幾個字，直到你失去意識。

5.如果你做了一個生動的夢，彷彿你在房間裡的另外某個位置，請想著從最近的門出去，盡可能遠離你睡著的地方。

超越時間

1. 使用「產生集感力狀態」練習，閉上眼睛，盡可能放鬆。
2. 驟然睜開眼睛，環視周圍。
3. 想著：**萬物皆是我**。
4. 盡可能繼續保持這個想法，就算你的邏輯思維開始發出雜訊。
5. 思緒飄散時，再一次想著：**萬物皆是我**。把周圍所有東西納入你的想法中：椅子、電腦、桌子、書本——萬事萬物。
6. 觀察一下，在你的大腦開始用種種念頭轟炸你、打斷你的注意力之前，你能集中注意力多久。用意志力讓這個想法再次進入你的腦海：**你周遭的一切都是你**。

高階技巧：強化感知體驗

環顧四周，想像放眼望去都看到你自己。你跟你的周圍密不可分。然後想像你在周圍的一切當中看到自己，你是一切的創造者。你可能會感覺到你和，比方說桌子之間的界限，但在某種意義上，這種界限是人爲的。組成你身體和桌子的原子和次原子粒子沒有什麼不同。更深入觀察你的手和桌子，想像那些界限不存在。

www.booklife.com.tw reader@mail.eurasian.com.tw

方智好讀 152

你擁有世界上所有的時間：

用集中感知力，活出沒有極限的人生

All the Time in the World: Learn to Control Your Experience of Time to Live a Life Without Limitations

作　　者／麗莎・布羅德利（Lisa Broderick）
譯　　者／甘鎮隴
發 行 人／簡志忠
出 版 者／方智出版社股份有限公司
地　　址／臺北市南京東路四段50號6樓之1
電　　話／（02）2579-6600・2579-8800・2570-3939
傳　　真／（02）2579-0338・2577-3220・2570-3636
總 編 輯／陳秋月
副總編輯／賴良珠
主　　編／黃淑雲
責任編輯／陳孟君
校　　對／黃淑雲・陳孟君
美術編輯／簡　瑄
行銷企畫／陳禹伶・王莉莉
印務統籌／劉鳳剛・高榮祥
監　　印／高榮祥
排　　版／莊寶鈴
經 銷 商／叩應股份有限公司
郵撥帳號／18707239
法律顧問／圓神出版事業機構法律顧問　蕭雄淋律師
印　　刷／祥峰印刷廠
2020年6月　初版

定價 310 元　ISBN 978-986-175-678-3

你本來就應該得到生命所必須給你的一切美好！

祕密，就是過去、現在和未來的一切解答。

——《The Secret 祕密》

國家圖書館出版品預行編目資料

你擁有世界上所有的時間：用集中感知力，活出沒有極限的人生／麗莎·布羅德利（Lisa Broderick）作；甘鎮隴譯. -- 初版. -- 臺北市：方智出版社股份有限公司, 2022.06

256面；14.8×20.8公分 --（方智好讀；152）

譯自：All the time in the world : learn to control your experience of time to live a life without limitations.

ISBN 978-986-175-678-3（平裝）

1.CST：時間　2.CST：時間管理

176.233　　111005440